Luise Habel:
Ich muß nicht immer stark sein

Für Wolfgang,
Petra,
Hans,
Walther,
Gottfried
und all die andern Menschen,
die ich mag.

Luise Habel
Ich muß nicht immer stark sein

Kösel-Verlag München

Kösel Sachbuch
Redaktion: Hermann Hemminger

CIP-Kurztitelaufnahme der Deutschen Bibliothek

Habel, Luise:
Ich muß nicht immer stark sein / Luise Habel. –
München : Kösel, 1985.
(Kösel Sachbuch)
ISBN 3-466-11056-4

Redaktionelle Betreuung: Monika Wöhlken
Umschlag: Young Su Niedermeier
Gesamtherstellung: Kösel, Kempten
Printed in Germany
ISBN 3-466-11056-4

Inhalt

I.

Und jedem Anfang wohnt ein Zauber inne

Freunde haben mir ein Tagebuch geschenkt. Es lag ein paar Jahre unbenützt. Ich konnte mich nicht zum Schreiben entschließen. Aber dann kam die Anfrage des Verlags, ob ich für meine Leser ein neues Buch herausbringen möchte. Da fiel mir das Tagebuch wieder ein und ich dachte, es könnte vielleicht reizvoll sein, Sie, lieber Leser, an meinem täglichen Auf und Ab teilnehmen zu lassen. Vielleicht entdecken Sie dabei sich selbst, erkennen eigene Verhaltensweisen und sagen: »Ja, so ist es auch bei mir.«

Ich habe gemerkt, daß es wahr ist, was Hermann Hesse in seinem Stufengedicht sagt: »Und jedem Anfang wohnt ein Zauber inne . . .« Vielleicht ermutigt Sie dies, mit eigenen Aufzeichnungen zu beginnen, dem Wechselspiel Ihrer Tage nachzuspüren, aufmerksam zu werden für die Gezeiten Ihres Lebens. Um Sie vor Enttäuschungen zu bewahren, muß ich allerdings ehrlich eingestehen, daß der »Zauber des Anfangs« sich manchmal entzieht, daß Schreiben und Sich-Rechenschaft-Geben des öfteren zur Schwerarbeit werden, daß Unlust sich breit macht und daß es absolut nicht immer Vergnügen bereitet, sich mit sich selbst auseinanderzusetzen. Aber es ist auch wahr, daß jeder Tag beim Schreiben ein neuer Anfang sein kann, der ermutigt und wieder etwas von diesem Zauber enthält. Auf jeden Fall ist es ein faszinierendes Wechselspiel.

Vielleicht lassen Sie mich einmal wissen, wie es Ihnen damit ergangen ist. Für mich war sehr beglückend, daß der eine oder andere von Ihnen auf meine früheren Bücher geschrieben hat; daß ich teilnehmen durfte an seinen Erfahrungen und Bedürfnissen. Manche von Ihnen kenne ich also schon ein wenig, und mir war beim Schreiben mehr als einmal, als würde ich Freunden aus meinem Leben erzählen, Menschen, denen ich das weitergeben möchte, was ich erfahren durfte, womit ich mich herumschlage und wo ich noch immer eine Lernende bin.

Ich hoffe, daß Sie meinen Tagebuchaufzeichnungen anmerken, daß ich keine Patentrezepte habe, daß ich – wie Sie auch – manches mühsam buchstabieren muß. Ich hoffe aber auch, daß Sie mir meine Liebe zum Leben abspüren und daß dies Sie vielleicht ermutigt, Ihre eigene Liebesgeschichte mit dem Leben zu wagen. Daß dazu auch Schmerz und Tränen und Enttäuschungen gehören, das wissen Sie.

Neu aber ist vielleicht für Sie meine wichtigste Erfahrung dieses Jahres: Ich muß nicht immer stark sein.

Bitte, fragen Sie sich jetzt einmal, was diese Aussage bei Ihnen auslöst. Denken Sie erleichtert: »Ja, Gott sei Dank!«? Macht es Sie aggressiv und halten Sie eine Verteidigungsrede für das Starksein? Oder sind Sie ganz einfach neugierig auf das, was dies im einzelnen beinhalten könnte?

Begleiten Sie mich bitte auf meinem Weg durch ein Jahr: Lachen Sie mit mir; weinen Sie, wenn Ihnen danach zumute ist; ärgern Sie sich, wo ich Ihrer Meinung nach falsch reagierte, und lassen Sie sich mit mir auf viele Begegnungen ein. Halten Sie manchmal inne und überdenken Sie, wie das eine oder andere in Ihrem Leben sich ausgewirkt hat, welche Konsequenzen Sie gezogen haben; was Sie ersehnen, erhoffen, erträumen, was Sie befürchten, vermeiden, nicht angehen . . .

Bei all diesen Überlegungen erlauben Sie sich bitte zu sagen: »Ich muß nicht immer stark sein!«

II.

Leben im Heute

Das neue Jahr ist erst wenige Minuten alt. In der Luft hängt noch der Rauch der vielen Knallkörper, mit denen die Nachbarn sein Kommen begrüßt haben. Ich bin auf meiner Terrasse gestanden und habe versucht, durch all den Krach hindurch die Kirchenglocken zu hören. Es war unmöglich.

Ich habe mich an meine Kindheit erinnert. Damals war Krieg. Die hell erleuchteten Fenster mußten verdunkelt werden und wenn wir um Mitternacht vor die Haustür traten, dann war da nichts als Stille. Der Schnee knirschte unter unseren Füßen, die Sterne funkelten in ihrem Glanz und wir warteten auf das Läuten der Glocken. Erst fing die kleine Bimmelglocke in Siechhaus an, dann kamen die Glocken von Heilig Geist und als letztes setzte das volle Geläut von St. Jakob ein. Der Onkel spielte auf seinem Flügelhorn: »Nun danket alle Gott ...« Wir standen still und andächtig, jeder hing seinen Gedanken nach. Und erst wenn die Melodie verklungen war, wünschten wir uns gegenseitig Glück.

Heute stand ich allein in der Nacht, ein wenig frierend, angespannt lauschend, ob ich nicht doch ein paar Glockenklänge erhaschen könnte. Ich dachte darüber nach, ob dieser mitternächtliche Spuk nicht Sinnbild unseres Lebens ist; eines Lebens, das so laut geworden ist, daß man vieles nicht mehr zu hören vermag. Ich versuchte mir vorzustellen, daß die Leute mit ihren Böllerschüssen freudig das neue Jahr willkommen hießen. Aber ich fragte mich auch, ob es nicht ein Verdrängen der Angst sei. Worauf sollten die Menschen sich freuen? Die Zukunftsvoraussagen sind düster; die Arbeitslosigkeit nimmt noch immer zu; der Friede in der Welt wird immer gefährdeter; unsere Umwelt immer zerstörter. Das sind – bei Gott – keine froh machenden Zukunftsperspektiven. Ich habe versucht, mir darüber klar zu werden, welche Gefühle mich in diesen Augenblicken zwischen den Jahren bewegten. Ich habe noch einmal Rückschau gehalten auf das vergangene Jahr. Spontan wollte ich sagen: ›Es war kein gutes Jahr. Ich bin froh, daß es vorbei ist.‹ Es gab viel Krankheit, viel Abschied, viel Verzicht. Aber gab es nicht auch Gespräch, Begegnung, erfahrene Liebe? Ich verzichtete darauf, all das gegeneinander abzuwägen, aufzurechnen, Bilanz zu ziehen. Ich legte die Tage zurück in Gottes Hand und bat:

»Der du die Zeit in Händen hast,
Herr, nimm auch dieses Jahres Last
und wandle sie in Segen ...«

Kann einer, der mit dem Segen Gottes rechnet, seine Tage noch einteilen in gute und böse? Wie will er wissen, ob die dunkle Wand nicht die ausgestreckte Hand Gottes war? Ob das, was so beglükkend erschienen ist, ihm wirklich Segen gebracht hat? Manchmal wird er es – im Nachhinein – erfahren. Manchmal wird er voll Staunen stehen und sehen: da war ein anderer mit im Spiel.

Ich bin sehr froh, daß ich wissen darf, daß alle meine Tage an Gott vorbei müssen; daß auch für dieses neue Jahr gilt:

»Es kann mir nichts geschehen,
als was er hat ersehen
und was mir nützlich ist ...«

Darin darf alle Zukunftsangst zur Ruhe kommen. Trotzdem flattert mein Herz ein wenig. Ich muß aufpassen, daß mir meine Fantasie keinen Streich spielt. Sie vermag mir sehr schnell Schreckensbilder vor mein inneres Auge zu malen. Da kann es dann passieren, daß ich sehr betroffen denke: ›Warum sollte gerade ich davon verschont bleiben?‹ Ich will bitten:

»Gott gebe mir die Gelassenheit
die Dinge hinzunehmen,
die ich nicht ändern kann;
den Mut, die Dinge zu ändern,
die ich ändern kann;
und die Weisheit, das eine
vom anderen zu unterscheiden.«

Nun mußte ich unfreiwillig lachen. Als ich diesen Gelassenheitsspruch niederschrieb, mußte ich aufpassen, daß er nicht so lautete:

»Gott gebe mir die Gelassenheit
die Dinge zu ändern, die ich ändern kann.«

Es ist typisch für mich, daß ich mit Veränderungen anfangen möchte. Ich bin ein aktiver Mensch, und etwas Schwieriges in Angriff zu nehmen, kommt meiner Veranlagung sehr entgegen. Dabei muß ich immer wieder um Gelassenheit ringen und es fällt mir ungemein schwer, ›Dinge hinzunehmen, die ich nicht ändern kann‹. Da bohrt und arbeitet es in mir, ob ich nicht doch noch eine Möglichkeit zu einer Lösung finde. Und oft habe ich auch eine gefunden. Aber ehrlicherweise muß ich eingestehen, daß es manches Mal besser gewesen wäre, ich hätte die Dinge voll Gelassenheit hingenommen. Dies zeigt, daß mir auch Weisheit manchmal mangelt. Es ist ein für mich schwieriger Spruch, den zu leben mir nicht leicht fällt. Dabei ist mir fast völlig entgangen, daß er ja damit beginnt: »Gott gebe mir...« Ich muß es also nicht allein tun. Ich darf einen anderen darum bitten, daß er mir die Fähigkeiten schenkt, die ich nicht habe und die ich doch so nötig brauche, wenn ich mich selbst und andere vor Schaden bewahren will.

Ich möchte, daß dieses Gebet mit mir durch dieses Jahr geht, besser noch: daß es mich an jedem Tag des Jahres begleitet.

Viel Post ist heute gekommen. Ich war fast zwei Stunden nur mit Lesen beschäftigt. Gefesselt hat mich der Bericht eines Bekannten, der zu einer Radtour um die Welt aufgebrochen ist. Ich habe gemerkt, wie viele Sehnsüchte noch in mir sind, fremde Länder kennenzulernen. Da möchte ich noch einmal jung sein und die Möglichkeiten haben, die heutzutage auch für Rollstuhlfahrer gegeben sind.

Im Moment macht mir meine ramponierte Wirbelsäule so zu schaffen, daß ich schon bei ein paar Kilometern Autofahrt stöhne. Dabei wollte mich in diesen Tagen Christoph, ein befreundeter Pfarrer, dazu überreden, meine Lesereisen wieder aufzunehmen. Er wünschte sich, daß ich in seiner Gemeinde wieder einmal eine Autorenlesung halte. Er würde mich abholen und auch wieder zurückbringen. Ich hatte viele Gründe, warum dies nicht mehr möglich sei. Aber im Nachhinein habe ich gemerkt, daß ich bereits anfing zu überlegen, wie ich es bewerkstelligen könnte. Ich habe mich erinnert, wieviel ich in den vergangenen Jahren unterwegs war und wieviel Spaß mir der Kontakt zu meinem Publikum gemacht hat. Daß ich jedes Mal erneut aufgeregt war, zitterte, dachte, das stünde ich nicht durch – das war jetzt fast vergessen. Besonders gerne denke ich an die an eine Lesung sich anschließenden Gespräche. Mir lag daran, mich mit meinen Hörern auszutauschen. Ich wollte, daß sie einmal von ihren Schwierigkeiten sprechen konnten, die sie im Umgang mit Behinderten haben. Dabei war mir wichtig, daß sie begriffen, daß sie wegen ihrer vielleicht feindlichen Regungen keine Schuldgefühle haben mußten. Erreichte ich diese Vertrauensbasis, dann wußte ich, daß der Anfang gemacht war, Ängste abzubauen. Dann konnten wir Schritte aufeinander zu tun; dann wurde es ein partnerschaftliches Begegnen. Es wurde mir immer wieder gesagt, wie hilfreich meine Ehrlichkeit sei. Ich hatte mir vorgenommen, mich so offen wie irgend möglich meinen Hörern zu stellen, meine eigenen Schwierigkeiten ungeschützt einzugestehen und keine fertigen Antworten zu geben. Nicht immer ist mir das leichtgefallen. Manchmal ist es auch nicht gelungen. Das war dann, wenn ich, aus welchen Gründen auch immer, Angst vor Verletzung hatte. Oft habe ich gemerkt, wie hungrig Menschen nach diesem Aufgeschlossensein sind; wie sie es honorieren, wenn einer nicht unverbindlich theoretisiert, sondern ungeschützt »ich« sagt.

Das habe ich nicht nur bei meinen Lesungen aus »Herrgott, schaff die Treppen ab« erlebt, sondern auch bei meinem Buch »Umarmen möcht ich dich«, aus dem ich zwar kaum einmal las, auf das ich aber um so mehr Briefe erhielt. Bei ihm meinte ich, der Inhalt sei zu persönlich, als daß ich mich damit einem größeren Zuhörerkreis stellen könnte. Hier ging es um den Umgang mit Gefühlen. Überraschend für mich war – und ist es noch –, wie viele Menschen mir auf dieses Buch geschrieben haben. Viele dankten mir, daß ich den Mut dazu gehabt hätte. Andere identifizierten sich ganz stark mit ihm. Manche fragten nach der im Buch genannten Klinik, weil sie auch eine Therapie bräuchten. Immer wieder wurde ausgesprochen, das Buch würde echte Lebenshilfe vermitteln. Was konnte ich mir besseres wünschen? Dabei hatte ich gerade dieses Buch mit so vielen Ängsten an meine Leser entlassen. Ich hatte mich darin ein Stück weit preisgegeben und war von daher sehr angreifbar, sehr verletzbar. Für mich ist heute noch unfaßbar, daß sich keine dieser Befürchtungen erfüllte. Das macht mich sehr dankbar. Ein paarmal kam Kritik, aber sie war nicht ätzend. Es waren einige Männer, die Schwierigkeiten hatten, so offen mit ihren Gefühlen umzugehen. Bemerkenswert für mich war, daß mehr Frauen als Männer schrieben. Ob sie ihren Gefühlen ein Stück näher sind als die kopflastigen Männer? Ich weiß es nicht . . .

Auch bei der heutigen Post war ein langer Brief von einer Frau, die während einer Therapie mein Buch in die Hand bekommen hatte. Sie schreibt, es hätte ihr in Zeiten des Niedergedrücktseins viel Mut gegeben, weiterzumachen. Und dafür wolle sie mir heute danken.

In meinem Zimmer stehen ein großer leuchtendgelber Forsythienzweig und eine tiefrote Amaryllisblüte. Als ich den Strauß vor ein paar Tagen bekam, trug der Amaryllisstengel vier pralle Knospen, die inzwischen voll erblüht sind. Ich habe sie mir jetzt eine Weile angeschaut, und in meinem Herzen kam eine große Sehnsucht nach Frühlingsduft auf.

»Veilchen träumen schon,
wollen balde kommen . . .«

Dies vorzustellen macht mir Spaß, läßt mich selbst ins Träumen geraten, mich den kahlen, knorrigen alten Apfelbaum in voller Blüte sehen.

»Blick in die Welt
und lerne leben,
bedrängt Gemüt.
Braucht nur ein Tauwind
sich zu heben
und alles blüht.«

In diesem milden, schneearmen Winter fällt es mir nicht schwer, mir das vorzustellen. Aber was bedeutet für mich: ›Lerne leben‹? Kann ich das noch immer nicht?

In den zurückliegenden Tagen ist viel Belastendes gewesen: eine schwere Enttäuschung in einer Beziehung, Ärger mit einem Handwerker, ein abgesagter Besuch, auf den ich mich gefreut hatte, unliebsame Auseinandersetzungen mit kirchlichen Leuten, eine Mißachtung meines ehrenamtlichen Engagements.

Viel winterliche Kälte in Beziehungen – Eiszeit. Woher soll da ein Tauwind kommen? Ich möchte so gern daran glauben, daß all die Differenzen nur vorübergehender Natur sind.

Heute hätte Marianne kommen sollen. Der abgesagte Besuch macht mir nun doch mehr zu schaffen, als ich zunächst wahrhaben wollte. Ich hatte mich so darauf gefreut. Mehr noch: ich hätte einen vertrauten Menschen gebraucht, mit dem ich über meine Verletzungen hätte reden können. Ich merke, daß mir immer wieder ein geeigneter Gesprächspartner fehlt, einer, der zuhören kann, ohne mich mit gescheiten Ratschlägen mundtot zu machen.

Marianne war in der Nähe bei Verwandten. Es wäre ein Katzensprung zu mir gewesen im Vergleich zu der Entfernung von ihrem Wohnort aus. Als ich den Termin hörte, paßte er mir zunächst nicht. Es war genau der Tag, an dem ich mit einem Taxi nach Nürnberg fahren wollte, um dort ein Konzert mit Maurice André zu besuchen. Darauf hatte ich mich seit vielen Monaten gefreut. Ich dachte ärgerlich: ›Daß doch immer alles zusammenkommen muß.‹ Wir hatten überlegt, ob es nicht doch eine andere Möglichkeit gäbe, waren dann aber so verblieben, daß Marianne auf jeden Fall kommen sollte. Nun hat sie gestern abgesagt. Die achtzigjährige Tante bräuchte sie noch ein paar Tage. Meinen Vorschlag, mich doch anschließend zu besuchen, lehnte sie mit der Begründung ab, sie wolle am Donnerstag zu einem Vortrag in die Volkshochschule. Meine Frage, ob sie den nicht ausfallen lassen könnte, verneinte sie. Das möchte sie nicht. Ich schluckte, sprach von meiner Enttäuschung und wie sehr ich mich über ein Wiedersehen gefreut hätte. Sie sagte zu, mich ein paar Wochen später zu besuchen zu einem Zeitpunkt, wo es uns beiden besser passen würde. Kein Grund also für eine überzogene Reaktion meinerseits. Trotzdem kommen bittere Gedanken hoch. Der Verzicht schmerzt mich und ich verliere mich in ungerechtfertigtem Selbstmitleid: ›Wie wenig muß ich ihr wert sein, daß eine Vorlesung wichtiger ist als ein Wiedersehen mit mir. *Ich* hätte ohne Zögern auf meinen geplanten Konzertbesuch verzichtet.‹ Ich komme mir dumm vor, daß ich fast immer bereit bin, meine Bedürfnisse um eines anderen willen zurückzunehmen.

Stopp. Dies ist eine ›alte Platte‹. Ich will sie nicht weiterspielen. Ich hätte sagen können: »Du, ich brauche dich wirklich nötig.« Ich habe es nicht gesagt. Zwar gab ich einige verschlüsselte Hinweise, aber Marianne verstand sie nicht. Ich wollte sie nicht zu einem

Besuch zwingen. Sie sollte selbst entscheiden können, was ihr wichtiger war.

Nun, sie hat sich entschieden. Gegen mich. Aber durfte ich daraus folgern: ›Ich bin nicht wichtig. Immer ist alles andere wichtiger als ich.‹? Bezog ich meinen Wert nicht schon wieder aus der Einschätzung anderer Menschen, statt zu wissen: Meinen Wert habe ich von Gott?

Ich bin wichtig – ich bin wichtig – ich bin wichtig –

Ich habe einen Wert – ich habe einen Wert – ich habe einen Wert –

Ich bin liebenswert – ich bin liebenswert – ich bin liebenswert –

Ich kann mir das gar nicht oft genug bewußt machen. Dann bin ich auch nicht mehr so verletzbar.

Aber noch etwas anderes muß ich üben. Hätte ich mich sofort für den geplanten Konzertbesuch entschieden und zu Marianne gesagt, dieser Zeitpunkt sei ungeeignet, wäre mir diese Enttäuschung erspart geblieben. Statt dessen war ich bereit, sofort meine eigenen Pläne zurückzunehmen, mich anzupassen und ja zu sagen, wo ich eigentlich hätte nein sagen müssen. Selbst wenn ich einbeziehe, daß ich Marianne gern als Gesprächspartner gehabt hätte – und ich mich deshalb zwischen zwei Bedürfnissen entscheiden mußte –, ich hatte zu wenig danach gefragt, was ich wirklich wollte. Ich merkte es daran, daß ich tagelang dem Konzert nachtrauerte. Ich dachte: ›Marianne hat so viele Möglichkeiten. Sie ist viel unterwegs, besucht Tagungen, Vorlesungen, Konzerte. *Sie* ist nicht bereit, mir zuliebe auf etwas zu verzichten.‹

Himmel noch einmal, nun habe ich doch wieder die alte Platte aufgelegt. Dabei weiß ich, daß meine Empfindungen längst nichts mehr mit Marianne zu tun haben. Es ärgert mich einfach, daß die Nichtbehinderten mit ihren zahlreichen Möglichkeiten kaum einmal einen Verzicht leisten können. Immer müssen sie haben ... haben ... haben ... Nur: Habe ich ein Recht, ihnen das zum Vorwurf zu machen? Wäre es statt dessen nicht einsichtiger, wenn ich lernen würde, besser zu meinen Bedürfnissen zu stehen, nein zu sagen, wo die Gefahr besteht, daß ich zu kurz komme? Ich bin so genügsam geworden. Ich bin, wenn ein anderer sich dazusetzt, mit Pellkartoffeln zufrieden, wo ich Kaviar haben könnte. Gewiß, es muß nicht immer Kaviar sein. Aber ab und zu sollte ich ihn nicht verachten.

Nun muß ich lachen: Der Kaviar steht ja noch bereit. Durch den abgesagten Besuch kann ich nun doch in das ersehnte Konzert gehen. Das habe ich in meinem Gefühlswirrwarr völlig übersehen. So blind ist man manchmal. Oder auch so dumm, weil man denkt: ›Jetzt ist mir alles so versaut, daß ich bestimmt nichts mehr davon habe.‹ Dabei vergißt man meist, daß keiner einem etwas vermiesen kann, wenn man es nicht zuläßt.

Beim Schreiben ist mir einiges klar geworden. Dafür bin ich dankbar. Ich bin auch mit Mariannes Verhalten wieder ausgesöhnt. Eigentlich gab es keinen Grund, so überzogen zu reagieren. Ich sehe, daß manchmal eine Reaktion nur ein Auslöser ist für unverarbeitete Erlebnisse. Es hat mit dem Betreffenden überhaupt nichts zu tun.

Ein Sturm fegt ums Haus, rüttelt an Fenstern und Türen und peitscht den eiskalten Schneeregen vor sich her. Ich genieße es, in der warmen Stube sitzen zu können, keine Verpflichtungen zu haben, die mich zwingen, das Haus zu verlassen, und hänge meinen Gedanken nach.

Leider keinen sehr heiteren, luftigen Gedanken. Ich mache mir um Roland Sorgen. Er hatte mich vor ein paar Tagen besucht. Wir verbrachten einen unbeschwerten Nachmittag miteinander. So dachte ich wenigstens. Wir führten tiefschürfende Gespräche, vergaßen darüber den Humor nicht und waren beide beglückt von mancher Übereinstimmung in unseren Gedanken.

»Ich habe mir immer einen Menschen gewünscht, mit dem ich so offen über alles sprechen kann«, bekannte Roland.

Als er ging, nahm er mich beschwingt in den Arm, gab mir einen kecken Kuß. Alles schien im Lot.

Am nächsten Abend rief mich seine Frau an, wann denn ihr Mann gestern von mir weggefahren sei. Ich gab Auskunft und fragte beunruhigt, ob irgend etwas nicht in Ordnung sei. Sie sagte, ihr Mann sei erst um zweiundzwanzig Uhr nach Hause gekommen, total betrunken. Ob wir uns gestritten hätten? Oder ob wir etwas Aufregendes geredet hätten? Sie könne sich all das überhaupt nicht erklären, nachdem wir sie ja noch sehr lustig angerufen hätten, um ihr zu sagen, daß er jetzt aufbreche, um heimzufahren. Nach und nach stellte sich heraus, daß er in letzter Zeit öfter trinke, Termine versäume, sich gewissenlos verhalte. Auch jetzt sei er betrunken. Ich fragte, ob ich ihn sprechen könnte. Roland kam ans Telefon, lachte und weigerte sich, über die Vorkommnisse zu reden. Er konnte wohl auch nicht. Ich erinnerte ihn daran, daß ich für ihn da sei, wenn er Probleme habe. Alkohol sei doch keine Lösung. Seiner Frau bot ich an, daß sie mich anrufen könne, wenn sie nicht weiter wisse

Mir ist, als wäre mir der Boden unter den Füßen weggezogen. Hatte ich mich so täuschen lassen? Habe ich Rolands Hilferuf an jenem Nachmittag nicht gehört? Wo war ich unaufmerksam gewesen? Hatte mein Verhalten den Trinkanfall auf dem Heimweg ausgelöst?

Ich ertappe mich, daß ich die Schuld bei mir suche und daß ich helfen möchte, was immer das im einzelnen bedeuten mag. Ich kann mir nicht verzeihen, daß ich nicht gespürt habe, daß Roland schwerwiegende Probleme hat; daß ich sein Täuschungsmanöver nicht durchschaute; daß ich hereinfiel auf seine Euphorie über unser großartiges Verstehen. Ich erinnere mich, daß mir seine trüben Augen aufgefallen waren. Warum hatte mich das nicht gewarnt, hellhörig gemacht? Ich war meinem eigenen Bedürfnis nach einem harmonischen Nachmittag aufgesessen. Mir hatten Rolands anerkennende Worte gut getan. Ich genoß das Gefühl, von einem jungen Mann, der mein Sohn hätte sein können, verehrt zu werden. Er hatte mir gesagt, daß er mich mag und daß er dankbar für diese Begegnung sei. Er hatte auch von Schwierigkeiten gesprochen, hatte aber hinzugefügt, daß sie behoben seien und daß er sich glücklich fühle wie seit langem nicht mehr. Ich war nicht mißtrauisch geworden. Jetzt beim Rückerinnern wundert mich das. Es waren kleine Anzeichen, die mich hätten stutzig werden lassen müssen. Hatte er sich deshalb betrunken, weil ich nicht hörte, was er mir wirklich sagen wollte?

Schluß mit den quälenden Selbstvorwürfen. Ich muß mir – wieder einmal – bewußt machen, daß ich nicht verantwortlich bin für das Verhalten eines anderen Menschen. Es ist mein alter Fehler. Johannes würde sagen: »Du bist wieder ganz schön auf dem Helfertrip.« Ich weiß, daß ich Roland damit keinen Gefallen tun würde. Im Gegenteil. Er muß begreifen, daß er für sein Handeln selbst verantwortlich ist.

Beunruhigt frage ich mich, ob er Alkoholiker ist. Was seine Frau mir erzählte, deutet fast in diese Richtung. Ich werde diese Vermutung bei unserer nächsten Begegnung ansprechen. Ich weiß inzwischen so viel über Sucht, daß ich mir zutraue, dieses Gespräch zu führen und mich nicht zu einem Co machen zu lassen. Ich werde Rolands Fehlverhalten nicht unterstützen, nicht decken. Ich werde es beim Namen nennen. »Es ist keine Schande, krank zu sein – und ein Süchtiger ist krank –, aber es ist eine Schande, nichts dagegen zu tun«, sagt Johannes. Vielleicht ist dies die eigentliche Hilfe, die ich Roland geben kann, daß er spürt, daß er mir nichts vorspielen muß; daß er die Rolle des dynamischen jungen Mannes aufgeben darf; daß ich ihn so annehme, wie er ist.

In meinem Bekanntenkreis gibt es eine Reihe von Alkoholikern, Menschen, die es geschafft haben, trocken zu werden. Prächtige Leute, die nach Überwindung ihrer Sucht gelernt haben, sich dem Leben zu stellen, sich mit ihm auseinanderzusetzen und ihre überzogenen Erwartungen aufzugeben. Menschen, die eine Lebensfreude und Zufriedenheit ausstrahlen, wie sie der Durchschnittsbürger kaum kennt. Sie sind fast alle in den Gruppen der Anonymen Alkolholiker, und ich kann nur immer wieder staunen, wie sie mit Hilfe ihres Programms ihre Lebensbewältigung schaffen. »Nur für heute«, sagen sie. Nur für heute müssen sie das erste Glas stehen lassen. Welch eine Weisheit liegt darin. Vermutlich würde es keiner packen, wenn er sich bewußt machen würde, er dürfe ein Leben lang nicht mehr trinken. Aber heute das erste Glas stehen zu lassen – das ist leistbar.

Ich bin nicht süchtig. Trotzdem habe ich dieses ›nur für heute‹ in mein Leben übernommen. Ich habe dabei gelernt, mit meinen ständigen Schmerzen umzugehen. Früher habe ich gedacht: ›Mein Gott, wenn das ein Leben lang so weitergehen soll, das packe ich nicht.‹ Es war zum Verzweifeln. Manchmal ließ mich diese Vorstellung an Selbstmord denken. Ich wünschte, endlich einmal nichts mehr zu spüren, Ruhe zu haben, befreit zu sein von Schmerz. Ich wußte, daß es für diese chronischen Schmerzen keine Heilung gab. Manchen Tag machte mich dieser Gedanke halb verrückt, zumal ich kaum Schmerzmittel schlucke. Bis mir dieses ›nur für heute‹ begegnete. Zunächst wehrte ich mich dagegen, empfand es als unerlaubten Trick, als unwürdige Selbsttäuschung. Aber dann dachte ich: ›Warum soll ich es nicht einmal ausprobieren?‹ Ein Versuch würde mich nichts kosten. Überraschend für mich war, daß es funktionierte und daß ich mit der Zeit merkte, daß ich durch diese Haltung Kräfte freisetzte, die ich zuvor mit meinen Grübeleien verbraucht hatte. Dies brachte mit sich, daß ich anfing, bewußter im Augenblick zu leben; daß ich mich nicht mehr endlos mit dem Gestern beschäftigte. Der gestrige Tag war vorbei und keine Macht der Welt konnte diese Zeit zurückholen, Geschehenes ungeschehen machen. Also lohnte es sich nicht, so viele Gedanken daran zu verschwenden. Genauso war es mit dem Morgen. Die Zukunft stand mir heute noch nicht zur Verfügung. Ich mußte heute noch nicht das leben, was morgen sein würde. Ich fing an, den Bibelspruch zu begreifen:

»Sorget nicht für den morgigen Tag. Es ist genug, daß jeder Tag seine eigene Plage hat.«

Der war mir seit vielen Jahren bekannt. Vom Kopf her hatte ich ihn bejaht und verstanden. Aber er war ohne Leben für mich, ohne Konsequenz. Jetzt aber fing ich an, dieses ›nur für heute‹ mir zu eigen zu machen. Ich setzte es nicht nur dann ein, wenn es um meine chronischen Schmerzen ging; ich erinnerte mich auch daran, wenn mich die Sorge um die Zukunft überfallen wollte; wenn ich unausweichlich meine Einweisung in ein Pflegeheim kommen sah und die Angst davor mich schier umbrachte. Heute konnte ich meinen Haushalt noch versorgen, mühsam zwar, aber es ging. Heute . . .

Ich bin den Anonymen Alkoholikern sehr dankbar für ihr Programm. Sie haben mir vorgelebt, daß es funktioniert.

Und damit bin ich nun wieder bei Roland. Ich weiß nicht, ob er Alkoholiker ist, oder ob er sich nur gelegentlich einmal betrinkt. Aber darüber reden will ich mit ihm, wenn er mich wieder einmal besucht.

Der seit Tagen anhaltende Wind fegt noch immer ums Haus. Aber der Regen hat aufgehört. Es ist ein strahlend blauer Himmel. Ein Vogel probt immer wieder ein Lied. Mir ist, als läge Frühlingsahnen in der Luft und ich denke enttäuscht: ›Hätte das nicht gestern so sein können?‹

Gestern war das Konzert von Maurice André. Ich wollte mit dem Taxi in die achtzig Kilometer entfernte Stadt fahren. Den ganzen Tag goß es in Strömen. Im Radio gab es Warnhinweise auf überfrierende Nässe. Ich stellte mir die Heimfahrt auf spiegelglatter Autobahn vor, vielleicht gar in einen Unfall verwickelt. Ich dachte an die Strapazen der Fahrt und wie naß ich im Rollstuhl würde, ehe ich in der Konzerthalle wäre. Außerdem quälten mich starke Gelenkschmerzen, die das Sitzen zur Qual machten. Lohnte sich dieser Aufwand? So sagte ich das Taxi ab und entschloß mich, zu Hause zu bleiben. Eine große Anfechtung war mir dann, als es gegen siebzehn Uhr aufklarte. Der Regen hörte auf und ich überlegte noch einmal ernsthaft, ob ich nicht doch fahren könnte. Aber ich blieb zu Hause.

Als es dann zwanzig Uhr war und ich mir vorstellte, ich würde jetzt im Konzertsaal sitzen, merkte ich, wie mir dieser freiwillige Verzicht zusetzte; wie gern ich jetzt dabei wäre. Ich legte mir eine Platte von Maurice André auf. Es war eine gute Aufnahme. Wenn ich die Augen schloß, konnte ich für einen Augenblick die Illusion haben, im Konzertsaal zu sitzen. Ich sah den Bachtrompeter in seiner gedrungenen Gestalt vor mir, erlebte, wie er bei hohen Tönen leicht in die Knie ging. Ich hörte die klaren, glockenreinen Töne. Ich mußte wahnsinnig gewesen sein, daß ich auf diesen Kunstgenuß verzichtet hatte. Ein Jahr lang hatte ich mich darauf gefreut. Seit Monaten sprach ich davon, daß ich mir diese Fahrt gönnen würde. Hing meine Ängstlichkeit mit dem Älterwerden zusammen? Wie konnte ich vor einer Straße kapitulieren, die möglicherweise glatt hätte sein können? Ich verstand mich nicht mehr. Ich erinnerte mich zurück:

Es war vielleicht zehn Jahre her. Ich lag im Winter in einem Krankenhaus in der Nähe von Nürnberg. In dieser Zeit gab Maurice André ein Konzert in Nürnberg. Ein Freund besorgte auf meine Bitte hin Karten und ich hatte die Erlaubnis vom Arzt, daß ich am Abend die Klinik verlassen dürfte. Bei der Frühvisite sagte er: »Sie werden heute abend nicht fahren. Es ist spiegelglatt auf den Straßen. Ich wäre beinahe verunglückt. Ich habe mich ein paarmal um die eigene Achse gedreht.« Ich stammelte, daß wir doch Karten hätten, daß ich den Freund nicht mehr verständigen könnte und daß er aus Nürnberg käme, um mich abzuholen. Aber der Arzt blieb bei seinem Verbot. Ich war ziemlich sicher, daß ich es übertreten würde. Als der Freund kam, beratschlagten wir, was wir tun sollten. Wir entschlossen uns zu fahren. Ich schlich mich aus der Klinik, freute mich, daß mir dieser Streich gelungen war und stellte dann kleinlaut fest, daß die Straßen wirklich spiegelglatt waren. Mir war nicht ganz wohl bei dem Gedanken, was wäre, wenn etwas passieren würde. Immerhin hatte ich ohne Erlaubnis die Klinik verlassen, schlimmer noch, es war mir verboten worden. Zum Glück hatten wir genügend Zeit, um langsam zu fahren. Ich war erleichtert, als wir an der Meistersingerhalle ankamen. Im Foyer war ziemliches Gedränge, die Leute promenierten auf und ab. Wir mischten uns unter das Publikum, lachten, waren gut gelaunt und ich fing an, die festliche Atmosphäre zu genießen. Mitten im Satz hielt ich inne. Vor mir stand der Stationsarzt.

»Sie sind also doch gefahren!«

»Ja«, sagte ich und versuchte gegen sein grimmiges Gesicht anzulächeln. Er ließ mich einfach stehen. So hatte ich ihn noch nie erlebt. Bis jetzt hatten wir uns immer gut verstanden. Er schätzte ein Gespräch mit mir und erlaubte mir kleine Freiheiten in der Klinik. Gar manchmal hatten wir uns über Konzerte unterhalten. Er verstand meine Liebe zur Musik und er hatte mehr als einmal meiner Bitte zugestimmt, abends zu einer Veranstaltung weggehen zu dürfen. Ich brauchte eine Weile, bis ich an jenem Abend das Konzert genießen konnte. Ich hatte ein arg schlechtes Gewissen, zumal ich kein Mensch bin, der sich über Verbote leichtfertig hinwegsetzt. Aber dann dachte ich: ›Was soll's. Es ist geschehen. Es war meine Entscheidung. Und dafür muß ich jetzt geradestehen.‹ Erst nach dieser Überlegung war ich fähig, mich ganz der Musik hinzugeben. Am Ende des Konzerts war ich sehr beglückt, sehr beschenkt. Ich hätte dieses Erlebnis nicht missen mögen. Der Freund wollte den Abend mit einem Glas Wein ausklingen lassen. Auch mir war danach zumute, aber ich wagte es nicht. Ich drängte, auf dem direkten Weg in die Klinik zurückzufahren. Ich schlich mich an der Nachtschwester vorbei, zog mich im Dunkeln aus und lag noch lange wach. Am anderen Morgen wollte ich mich bei dem Arzt entschuldigen. Aber er war so eisig, daß ich kein Wort zu sagen wagte. Er brauchte drei Tage, bis er mit mir ungezwungen über das Erlebnis des Konzertes reden konnte. Er ersparte mir eine Rüge. Ich hatte sogar das Gefühl, daß er meine Entscheidung verstand, auch wenn er sie natürlich nicht gutheißen durfte.

War ich damals so viel jünger, so viel unternehmungslustiger? Mir gibt zu denken, daß ich immer öfter bei einer Unternehmung all die Strapazen registriere und dann entscheide, der Aufwand lohne sich nicht. Zwar stimmt es, daß mich alles viel mehr anstrengt als vor zehn Jahren. Manches kann ich mir wirklich nicht mehr leisten und es ist wichtig, daß ich meine enger werdenden Grenzen akzeptiere. Aber ich muß aufpassen, daß ich mir innerhalb dieser Grenzen nicht neue Einengungen schaffe. Es ist nötig, daß ich mir zutraue, immer wieder bis an meine Grenzen zu gehen und ab und zu vielleicht auch ein bißchen darüber hinaus.

Heute hat mich eine Predigt im Radio sehr angesprochen. Der Pfarrer hat nicht unverbindlich theoretisiert. Er sagte »ich . . .«, und seine Beispiele waren konkret und anschaulich. Irgendwie fand ich mich da mit meinem eigenen Leben wieder. Ich wünschte mir mehr solcher Predigten. Könnte ich mir doch vorstellen, daß außer mir auch andere Hörer mit einer abstrakten Predigt nichts mehr anfangen können. Es passiert mir immer wieder, daß ich ärgerlich abschalte, weil der Pfarrer von alten, abgegriffenen kirchlichen Schlagworten nicht wegkommt. Er versteht es nicht, sie mit Leben zu füllen. Vielleicht will er das auch gar nicht, weil solch eine unpersönliche Predigt auch für ihn ungefährlich bleibt. Vielleicht hat er Angst, sich nach seinem eigenen Glauben befragen zu lassen. Es könnte ihn einer zur Rede stellen: »Du hast das und das gesagt. Wie meinst du das wirklich?«

In der Predigt ging es darum, daß Christus gekommen ist. Der Pfarrer dachte über Besuche nach, wie wir sie erleben: manchmal als sehr beglückend, manchmal angstmachend und bedrohlich. Sehr verhalten wurde offenbar, daß hinter dem Besuch eines Menschen immer auch Gott stehen kann, der da um Einlaß bittet. Manchmal will man einen Besuch nicht haben, man fühlt sich gestört in seinem Wohlbehagen und stellt im Nachhinein dann fest, daß man auf wundersame Weise beschenkt wurde. Das kenne ich auch.

Besuche machen – Besuche bekommen. Beides gehört unverzichtbar zum Leben dazu. Vielleicht hat die Predigt mich deshalb so angerührt, weil ich mich in letzter Zeit immer wieder einmal dabei ertappte, daß ich mich nicht stören lassen wollte. Ich meinte, keine Zeit zu haben. Ich arbeite an einem neuen Buch und empfand deshalb unangemeldete Besucher als lästig. Diese Einsicht hat mich jetzt sehr erschreckt, denn an sich bin ich ein kontaktfreudiger Mensch. Ich werde in der kommenden Woche ein paar Leute anrufen und sie einladen. Der Gedanke gefällt mir. Ich freue mich auf Begegnungen . . .

Es hat über Nacht geschneit. Es ist kalt geworden und ich freue mich an der weißen Pracht, die ich von meinem Fenster aus sehe. Die hungrigen Vögel flattern unruhig hin und her. Sie wagen sich nicht an das Vogelhäuschen, weil sie durch die Fensterscheibe meine Gestalt sehen. Mir fällt das Gedicht von Werner Bergengruen ein, das ich sehr liebe.

Die Meise

Könnte ich dir sagen, kleine Meise,
wie ich dir so wohl gesonnen bin!
Lockend vor dem Fenster liegt die Speise,
doch du Ängstliche wagst dich nicht hin.
Und wie oft du hurtig angeflogen,
zitternd zwischen Bängnis und Begehr,
jedesmal hat's dich zurückgebogen
und gezwungen doch zur Wiederkehr.
Immer wohl im winzigen Flügelleibe
wird das Herz dir vor Erschrecken kalt,
siehst du durch die unbegriffene Scheibe
düster meine riesige Gestalt.
Jetzt! Im Fluge griffest du die Beute,
birgst sie flink im Zweigicht und Geäst.
Wüßtest du, daß ich die Nahrung streute
ohne Feindschaft, ohne Hinterlist!
Daß du Gerngeschenktes fortgetragen,
fürchtig wie gestohlenen Gewinn –
Kleine Meise, könnte ich dir sagen,
wie ich dir so wohl gesonnen bin!
Ach, es bangte dir vor keinem Zorne,
kämest wie der treue Hund zum Herrn,
selig schmaustest du vom fetten Korne
und der Sonnenblume süßem Kern.
Ließest dich auf meiner Schulter nieder
und die Krume nähmst du mir vom Mund,
kehrtest treulich alle Morgen wieder

und wir schlössen einen langen Bund.
Ihr in Wipfeln und in grauen Nestern,
Ruhelose zwischen Flucht und Schmaus,
kleine Meisen, meine scheuen Schwestern,
wie getreu sprecht ihr mich selber aus!
  Allenthalben ist ein Tisch gerichtet:
  weißes Brot und schwarzer Wein im Krug,
  süß und bitter ward mir zugerichtet
  und der große Wirt ist ohne Trug.
Ach, es bangte mir vor keinem Grimme
und mich drückte keine Kümmernis,
ach verstünde ich nur seiner Stimme
stille Ladung: »Nimm getrost und iß!«

Ich weiß, daß der »große Wirt ohne Trug ist«, daß sein Tisch für mich immer gedeckt bereitsteht. Trotzdem mache ich so selten davon Gebrauch. Ich versuche meinen Durst an löchrigen Brunnen zu löschen oder ich kaufe Brot zu Überpreisen, anstatt meinen Hunger im Vaterhaus zu stillen, das mir immer offensteht. Ich weiß, daß ich Vater sagen darf. Aber allzuoft erscheint mir der Vater wie ein Despot, der unerbittlich seine Forderungen eintreibt; der mir auf die Finger haut, wenn ich mir etwas nehmen möchte, und der mir alles verweigert, von dem ich meine, daß es mich glücklich machen würde.

»Lockend vor dem Fenster liegt die Speise,
doch du Ängstliche wagst dich nicht hin.«

Wie ich das kenne!

Dabei denke ich manchmal: ›Wenn das wahr ist, daß Gott mein Vater ist, dann ... Ja, dann ...‹

Ich vermag nicht auszudenken, was das im einzelnen für mein Leben bedeuten würde: Ich bin ein Kind des mächtigsten Herrschers und deshalb gehört mir die ganze Welt. Alles darf ich mir zu eigen machen. Ich muß mir nichts stehlen in meinem Hunger, ich darf es mir nehmen, und zwar nicht kärglich. Mir steht die ganze Fülle zu ...

An meinen stammelnden Worten merke ich, wie fremd mir dieser

Gedanke ist, wie sich Mißtrauen darein mischt, wie ich mich eben nicht wie ein Königskind fühle. Die Rolle des Bettlers ist mir viel vertrauter. Ich kenne den Hunger, die Not, die Einsamkeit, das Leid und das Verlassensein. Mir ist die Problematik menschlichen Lebens nicht fremd. Damit kann ich umgehen. Ich habe gelernt zu kämpfen gegen etwas oder für etwas und ich bin fast immer in Alarmbereitschaft. Schwierigkeiten habe ich mit dem Gedanken, daß ich einen reichen Vater habe, der mich in sein Erbe eingesetzt hat, der sich freuen würde, wenn ich sein großzügiges Angebot annehmen würde; daß ich berechtigt bin, ein Leben in Fülle zu haben; daß mir das zusteht, wirklich zusteht...

Ich versuche mir auszumalen, was dies an Konsequenzen für mich – für jeden Christen – bedeuten würde. Es benimmt mir schier den Atem und ich frage mich, warum wir lieber unsere Krämerseelen behalten, anstatt unser Erbe anzutreten. Was Gott uns da anbietet, das müßte uns vom Stuhl hochreißen; das müßte unser Leben entscheidend verändern...

Vielleicht ahne ich etwas von dem, was der verlorene Sohn erlebte, als er nach Hause kam: Sein Vater überhäuft ihn nicht mit Vorwürfen. Im Gegenteil, er sieht ihn von ferne kommen und läuft ihm entgegen. Er zieht ihm ein Festkleid an. Er läßt ein Kalb schlachten und sie feiern ein Fest. »Sie fingen an fröhlich zu sein...«, heißt es in dieser Geschichte. Aber gleichzeitig fällt mir der Sohn ein, der zu Hause geblieben ist, der zuverlässig und treu gearbeitet hat und der nun voll Neid die Freude des Vaters registriert. Vielleicht ist seine Tragik, daß er vor lauter Schuften gar nicht mehr gesehen hat, was ihm alles gehört und daß dieser unendliche Besitz des Vaters auch sein Eigentum ist. Er begreift nicht, daß der Vater ihm kein Fest verwehren würde, wann immer er es feiern möchte. Aber er hat weder Zeit noch Fähigkeit dazu.

Ich komme mir vor wie dieser zweite Sohn, der schuftet und sich abrackert, der darüber sich selbst und seine Bedürfnisse vergißt und dann voll Neid auf den Bruder sieht, weil dieser ohne langes Zögern in Anspruch nimmt, was ihm der Vater in seiner Großmut schenkt. Was hindert den zweiten Sohn daran, alles liegen- und stehenzulassen und zu sagen: »Auch ich will mich aufmachen und zu meinem Vater gehen. Ich will mitfeiern und endlich anfangen zu leben.«? Ich will mich aufmachen...

Mir fällt ein Wort aus dem Alten Testament ein:

»Ich freue mich an Gott. Meine Seele ist fröhlich über Gott, denn er hat mir ein Festkleid angelegt und zu mir gesagt: ›Es ist alles gut zwischen dir und mir.‹«

Ich freue mich an Gott...

Das ist, als wollte ich Flügel erproben, von denen ich nicht weiß, ob sie mich tragen werden. Aber wenn ich fliegen lernen will, muß ich den sicheren Boden verlassen. Ich muß meine Flügel breiten und mich der unsichtbaren Luft überlassen...

Kleine Meise, danke! Dein ängstlicher Flug war Anlaß für mich, mich hineinzuwagen in Gedankengänge, die mein Leben verändern könnten.

In den Wintermonaten fühle ich mich manchmal wie ein Gefangener in Einzelhaft. Heute hat mein Neffe mich im Auto durchs Taubertal gefahren. Mir war, als würde ich die Freiheit schnuppern. Ich konnte mich gar nicht satt sehen an dem glitzernden Schnee, an den sonnenüberhauchten Weidenstämmen, die in zartem Rotbraun ihre kahlen Äste in den Himmel streckten. Ihr Spiegelbild leuchtete fast deckungsgleich aus der träge dahinfließenden Tauber. Ein Habicht schwebte darüber, ließ sich auf einem Baum nieder.

Überhaupt die Bäume – ich mag sie besonders gern, wenn sie noch kein Blattkleid tragen. Mir ist, als würden sie deutlicher als sonst ihr eigentliches Sein offenbaren; ihr Festgewurzeltsein, ihr Standhalten gegen Wind und Wetter, ihr Wissen um den nahenden Frühling, aber auch ihr Krankwerden und Sterben.

Ich habe meine Lieblingsbäume. Dazu gehört der Ölbaum, der mir auf meinen Reisen ans Herz gewachsen ist. Ich mag sie, diese knorrigen, verkrüppelten Stämme. Es gibt einen wunderschönen Bildband von Oswald Kettenberger nur mit Ölbäumen. Den habe ich mir jetzt lange angeschaut. Dabei war ich in Gedanken unterwegs in Israel. Schmerzlich war mir damals, daß wir an all den Olivenhainen nur vorbeifuhren. Ich hätte mich so gern in eine der blühenden Wiesen gelegt und hätte dem Flüstern des Windes in den dünnen Zweigen gelauscht. Ich hätte gern dem Leben dieser alten Bäume nachgespürt und ich bin sicher, sie hätten mir viel erzählt. Ich hätte so gern die rissige Rinde erfühlt, meine ausgebreiteten Arme um den lebenserfahrenen Baum gelegt. Noch jetzt spüre ich diese ungestillte Sehnsucht . . .

Ich habe heute viele Briefe bekommen, lange Briefe, voll von Vertrauen. Ich habe über eine Stunde nur mit Lesen zugebracht und ich empfinde dankbar dieses Privileg. An wie vielen Schicksalen darf ich doch teilnehmen: Da ist die junge Frau, alkohol- und medikamentenabhängig, die auf einen Therapieplatz wartet und vor dem nächsten Rückfall zittert. Da ist ein Freund, der nach einer schwierigen Operation wieder aus dem Krankenhaus entlassen wurde. Da ist die junge Lehrerin mit ihren komplizierten Männerbeziehungen. Da ist . . .

Ein Brief hat mich besonders gefreut. Eine Frau schreibt, was mein Buch »Umarmen möcht ich dich« alles bei ihr ausgelöst hat. Sie hat es während einer Therapie in die Hand bekommen, und es gab ihr den Mut, sich weiterzuwagen, neue Erfahrungen zu machen, sich ihren hervorbrechenden Gefühlen zu stellen. Sie schreibt, das Buch hätte sie auch in den Alltag hineinbegleitet. Sie hätte gespürt, daß sie mit ihren Schwierigkeiten, ihrem Fehlverhalten und ihrem Hunger nach Leben nicht allein sei. Sie wolle mir danken, daß ich dieses Buch geschrieben habe. Es war ein vier Seiten langer Brief, voll von Vertrauen und Anerkennung. Das tat mir natürlich gut, zumal mich ein Teil der heutigen Briefe ziemlich deprimierte.

Ich merke, daß ich aufpassen muß, mich nicht zu tief in fremde Schicksale hineinziehen zu lassen. Schon immer hatte ich Schwierigkeiten, mich abzugrenzen, Kümmernisse nicht zu nah an mich heranzulassen. Ich bin dabei, dies zu lernen. Ich habe in diesen Tagen einer Frau geschrieben, ich fühlte mich durch sie total überfordert. Ich wäre nicht in der Lage, ihre Erwartungen so zu erfüllen, wie sie sich das wünsche. Sie war zuvor elf Stunden bei mir zu Besuch gewesen. Ich übte mich im Zuhören. Was sie sagte, klang überwiegend negativ, lebensfeindlich, anklagend. Meine Einwände wischte sie ärgerlich weg. Ich wünschte verzweifelt, sie möge gehen und fand doch nicht den Mut, dies auszusprechen. Sie hatte solch eine lähmende Ausstrahlung, daß ich hinterher total fertig war. Ich mochte überhaupt nichts mehr hören und sehen und habe Tage gebraucht, meine depressive Verstimmung loszuwerden. Ärgerlich dachte ich: ›Ich bin in einer viel schlimmeren Situation als ein Therapeut. Er beendet in spätestens einer Stunde das Gespräch.‹

Bei mir hat ein Besuch immer einen privaten Charakter. Häufig meint ein Gast, er würde mir etwas Gutes tun, wenn er mir seine kostbare Zeit opfere, um mir die Langeweile zu vertreiben. Besonders wenn ein Besucher von auswärts kommt, fühle ich mich verpflichtet, für ihn da zu sein, hat er doch Strapazen und Unbequemlichkeiten auf sich genommen. Ich mache dann den Blödsinn, daß ich nur an meinen Gast denke und nicht auf meine eigenen Gefühle und Bedürfnisse achte. Nur so kann es passieren, daß ich mir manchmal ›benutzt‹ vorkomme.

Die Frau hat mir einen langen, unzufriedenen Brief geschrieben, voller Anklagen und Vorwürfe. Fast muß ich ihr dankbar dafür sein. Denn dieser Brief wurde für mich der Auslöser, mich zu wehren, nein zu sagen und mich abzugrenzen. Ich weiß, daß ich mich bei unserem Gespräch nicht richtig verhalten habe. Ich hätte nach spätestens zwei Stunden sagen müssen:

»Ich möchte, daß wir jetzt aufhören, über deine Probleme zu reden. Mehr, als ich dir bis jetzt zu bedenken gab, kann ich dir auch in fünf Stunden nicht sagen.«

Ihre Krankheit ist, daß sie immer »Ja, aber...« sagt. Ich hätte ihr raten müssen:

»Nimm die Watte aus den Ohren. Steck sie in den Mund.«

Aber ich wollte sie nicht verletzen. Ich ließ mich mißbrauchen. Dafür kann ich ihr nicht die Schuld geben. Dafür bin ich selbst verantwortlich und muß Konsequenzen daraus ziehen.

Meine Briefantwort an sie löste tagelange Schuldgefühle bei mir aus. Am liebsten hätte ich alles zurückgenommen, hätte gesagt:

»Du, das war nur eine Augenblicksregung. Selbstverständlich bin ich für dich da.«

Zum Glück dachte ich noch rechtzeitig an meine eigene seelische Befindlichkeit. Auch ich bin nicht unbegrenzt belastbar. Ich muß dies akzeptieren. Mir wird immer klarer, daß ich nur dann weiterhin für andere Menschen dasein kann, wenn ich auch an mich denke. Ich darf nicht mehr in solch ein Defizit kommen, wie ich einmal war.

Marianne rief vorhin an, sie würde in den nächsten Tagen kommen. Sie ist für mich der richtige Gesprächspartner: sensibel, offen, verständnisvoll. Ich freue mich auf sie und hoffe, daß ich sie mit meinem Redebedürfnis nicht überfordere.

Das Tagebuchschreiben ist mir zur lieben Gewohnheit geworden, vor allem, weil ich mich nicht dem Zwang unterziehe, täglich schreiben zu müssen. Im Gegenteil. Ich lasse mir beim Nachdenken viel Freiheit. Ich halte ziemlich viel von Spontaneität. Je nach Stimmung sind es viele Seiten, die ich fülle, oder auch nur ein paar kurze Sätze. Manchmal streicht der Zensor in mir wichtige Passagen. Ich merke dann, daß ich das Erlebte noch nicht so weit verarbeitet habe, daß ich es niederschreiben kann. Ich ordne gern mein Gefühlschaos, ehe ich mich schriftlich damit auseinandersetze. Dabei meine ich dann freilich oft, die Auseinandersetzung würde nur noch teilweise während des Schreibens stattfinden. Die Hauptarbeit hätte ich im Zulassen meiner Gefühle Stunden oder Tage vorher schon geleistet. Ich bin mir nicht sicher, ob das gut so ist. Ob es für mich nicht manchmal hilfreicher wäre, wenn ich mir z. B. meine ganze Wut von der Seele schreiben würde, unkontrolliert und mit all den Täuschungen, die ohne die nötige Distanz zunächst einmal möglich sind. Ich habe einfach Angst vor diesen überzogenen Reaktionen. Auf dem Papier wirken sie so endgültig, unkorrigierbar, und ich weiß aus Erfahrung, daß, wenn ich ein Stück weit Abstand gewonnen habe, manches sich anders darstellt, als ich es zunächst wahrgenommen habe. Gleichzeitig frage ich mich natürlich, ob dies nicht mein altes Problem mit der Wut ist. Ich habe große Schwierigkeiten, sie zuzulassen. Unkontrolliert zu reagieren ist mir ein Greuel. Immer noch. Dabei sollte ich doch gelernt haben, daß ich ein Recht auf meine Gefühle habe – auch auf meine Wut.

Manchmal habe ich das Bedürfnis, etwas an die Wand zu knallen, eine Vase zu zerdeppern, und es kommt mich hart an, daß ich in Momenten höchster Anspannung mir keine Bewegung verschaffen kann, um motorisch einiges abzureagieren. Manchmal bin ich wie ein Dampfkessel, der so unter Überdruck steht, daß er jeden Augenblick explodieren könnte. Dann lasse ich ein wenig Dampf ab, gerade nur so viel, daß der Kessel nicht platzt. Es kocht und brodelt weiter darin. Nach Möglichkeit vermeide ich jeden Streit, dabei weiß ich, wie wichtig es wäre, mit dem einen oder anderen Menschen zu streiten, fair zu streiten. Ja, das ist es: Wer kann das schon, fair streiten? Kaum einer hat das gelernt. Entweder fliegen so sehr die Fetzen, daß unheilbare Verletzungen passieren, oder man begnügt sich mit verschlüsselten Anschuldigungen, die oft noch mehr Unheil anrichten. Ich lächle jetzt zwar nicht mehr, wenn mich etwas ärgert. Ich kann dann sagen: »Das macht mich wütend.« Aber ich merke hinterher immer wieder einmal, daß ich den eigentlichen Grund meiner Wut doch nicht beim Namen genannt habe. Ob es damit zusammenhängt, daß ich mir Zuneigung nicht verscherzen möchte? Dabei müßte ich doch wissen, daß Unaufrichtigkeiten in einer Beziehung sich immer irgendwie rächen. Ich sollte verzichten auf Menschen, die mich nur angepaßt und unverbindlich haben wollen.

Ich bin selbst gespannt, wofür ich mich beim Schreiben entscheiden werde. Ich hoffe, daß ich nicht allzuviel Vorzensur treffe, sondern zulasse, was mir gerade in den Sinn kommt, selbst auf die Gefahr hin, daß ich jemanden zunächst ungerecht beurteile; daß ich mich über mich selbst täusche und daß meine Gefühle mit mir durchgehen.

Renate ist tot. Ihre Freundin hat mich eben angerufen. Ich bin noch ganz benommen von dieser Nachricht. Verkehrsunfall. Ein Omnibus hat sie überfahren, als sie die Straße überqueren wollte. Sie lag noch drei Tage im Koma, aber sie ist nicht mehr erwacht.

Mich macht dieser scheinbar sinnlose Tod wütend. Ich kann einfach nicht verstehen, warum ein junges, hoffnungsvolles Leben so plötzlich abgebrochen wird. In mir sind Schmerz und Trauer, tausend Fragen und eine abgrundtiefe Ohnmacht.

»Es weiß es keiner,
dem's nicht geschah,
wie's ist, wenn einer
nicht mehr da,
wenn leer die Stätte,
dess', den man hätte
so gern noch nah . . .«

Diese Verse fallen mir ein. Ich weiß nicht, von wem sie sind, aber sie drücken das aus, was ich empfinde.

Ich sehe Renate noch vor mir, jung, sprühend vor Lebensfreude. Sie war nicht immer so, sie hatte ein schweres Schicksal. Sie wurde medikamentenabhängig und dem Leben gegenüber immer gleichgültiger. Aber dann begegneten ihr Menschen, die selbst durch diese Hölle gegangen waren. Sie ließ nicht nach zu suchen und zu fragen. Sie spürte, daß diese Menschen etwas hatten, was ihr fehlte. Das wollte sie auch haben. Sie wußte, daß sie für sich selbst etwas tun mußte. Sie bekannte sich zu ihrer Sucht. Sie erfuhr, daß Sucht Hunger und Durst ist, Hunger nach Leben. Sie entschloß sich, eine Therapie zu wagen. Es war ein steiniger, dornenreicher Weg. Auch Rückfälle blieben ihr nicht erspart. Sie fing an nach Gott zu fragen. Sie begriff, daß ihre Heilung nur ein spirituelles Erlebnis sein konnte. Darüber hat sie kaum einmal gesprochen, aber man spürte es ihr ab. Sie wurde ein aufgeschlossener, warmherziger Mensch, und sie hatte so viele Pläne für die Zukunft. Das Leben lag vor ihr . . .

Das Leben, das jetzt so jäh beendet wurde. Wie hatte sie einmal gesagt?

»Ich bin zur richtigen Zeit am richtigen Ort.«

Zur richtigen Zeit am richtigen Ort... Angesichts ihres Todes läuft es mir dabei eiskalt über den Rücken. Mußte sie in diese fremde Stadt fahren, um ihr Rendezvous mit dem Tod nicht zu verpassen? Eine Sekunde früher – eine Sekunde später – und alles wäre nicht passiert. Hatte Gott da seine Hand im Spiel? Oder hat er für einen Augenblick unaufmerksam weggesehen? Fragen über Fragen.

»Leben ist heimgehen – Sterben ist heimkommen.« Ist das wahr?

In diesen Tagen ist mir ein Wort von Tagore begegnet, das mir jetzt in den Sinn kommt:

»Wenn der Tod zu mir kommt,
will ich sagen:
Ich habe in der Liebe gelebt
und nicht nur in der Zeit...«

Das traf auf Renate zu. Sie hatte in der Liebe gelebt. Wurde Zeit da unwichtig? Lebens-zeit – was ist das überhaupt?

Renate war trotz ihrer Jugend ein sehr reifer Mensch geworden. Manchmal ahnten wir etwas von ihrem Einswerden mit Gott, zu dem sie Vater sagte. Vielleicht erklärt dies – wenigstens bruchstückhaft –, warum er sie zu sich zurückgeholt hat. Vielleicht ist es Gnade, so aus der Fülle fortgehen zu dürfen, auch wenn das in den Zurückbleibenden einen ohnmächtigen Schmerz auslöst.

Ich halte diese Schmerzen nicht mehr aus. Ich möchte schreien und an die Wand schlagen.

Schreien . . .

Das darf man in unserer zivilisierten Welt nicht, in der es ordentlich und gesittet zugehen muß. Ein schreiender Mensch stört, muß ruhiggestellt werden. Man diskriminiert ihn als einen unbeherrschten Menschen, der die Kontrolle über sich verloren hat. Gar leicht wird er ein Fall für die Psychiatrie. Dort gibt es all die Glückspillen, mit denen man ihn mundtot machen kann. Mundtot . . .

Lieber nimmt man einen seelisch toten Menschen in Kauf, als daß man ihm das Schreien erlauben würde. Dabei kann es so hilfreich sein. Ich weiß es von meiner Therapie. Johannes arbeitet in seiner Klinik viel mit dem Werkzeug des Schreis. Ich hatte große Schwierigkeiten damit. Ich wollte die Kontrolle nicht verlieren. Es machte mir ungeheure Ängste und ich habe lange gebraucht, bis ich wirklich geschrien habe.

An einem Morgen hatte ich neben meinen Gelenkbeschwerden schier unerträgliche Kopfschmerzen. Krampfhaft hielt ich mich aufrecht. Ich mochte niemandem sagen, wie miserabel es mir ging. Aber dann war ich in der Gruppe mit Arbeiten dran. Ich nahm nach einigem Zögern den Satz:

»Es tut weh!«

Erst wimmerte ich es nur.

»Lauter!« sagte Johannes.

»Es tut weh!«

»Lauter!«

Johannes trieb mich an, bis ich schrie, gequält, widerstrebend zunächst noch, aber immer wütender werdend:

»Es tut weh!«

Die Tränen liefen mir übers Gesicht, und irgendwann ließ ich diesen Schrei zu. Der Schmerz eines ganzen Lebens brach aus mir heraus:

»Es tut weh!«

Johannes hielt mich fest, duldete, daß ich mich in seine Arme krallte und schrie . . . schrie . . . schrie . . . Als ich mich erschöpft an seine Schulter lehnte, merkte ich voll Staunen, daß meine Kopfschmerzen verschwunden waren. Der Krampf hatte sich gelöst. Ich fühlte mich wohlig entspannt. Johannes lächelte mich an:

»Es ist gut, daß du das endlich zugelassen hast.«

Ich möchte schreien ... schreien ... schreien ... Aber meine hellhörige Wohnung verbietet mir das.

Vor ein paar Wochen hat mir eine Freundin einen Tennisschläger geschenkt. Sie erinnerte mich daran, daß ich in der Klinik im Umgang mit meiner Wut sehr wichtige Erfahrungen mit dem Einschlagen auf eine Matte gemacht hatte. Lachend meinte sie, vielleicht könnte mir diese Möglichkeit auch zu Hause helfen, wenn sich aufkommende Aggressionen nicht anderweitig lösen ließen. Ich habe damals den Schläger mit sehr gemischten Gefühlen angenommen und ihn weit hinten im Schrank versteckt. War ich doch ziemlich sicher, daß ich ihn nie benützen werde. Jetzt denke ich: ›Warum eigentlich nicht? Vielleicht lassen sich damit einige Verspannungen lösen.‹

O je, das Telefon! Hoffentlich ist es niemand, der sich bei mir ausheulen will. Ich habe heute genug mit mir selbst zu tun.

4. März

Ich fühle mich sehr erschöpft. Vieles in meinem kleinen Haushalt bleibt liegen. Im Moment kann ich einfach nicht und das macht mir Angst.

Ich will diese Schwäche zulassen, will nicht ankämpfen dagegen. In meinem Leben habe ich vieles mit letzter Energie erreicht. Meist habe ich sehr über meine geringen Kräfte gelebt.

Jetzt denke ich: Ich erlaube mir meine Schwäche. Ich muß nicht immer stark sein.

Ich versuche, mein Selbstwertgefühl nicht aus meinen Leistungen zu beziehen. Langsam fange ich an zu begreifen, was mit dem ›Mut zum Sein‹ gemeint ist. Nur zu sein . . . Das kommt mich hart an. Aber ich will es üben.

5. März

Ich weiß nicht, von wem diese Verse sind. Marion hat sie mir heute geschrieben:

»Wage zu träumen
von dir
und dem, was du nicht hast.
Wage zu träumen
von dir
und dem, was du nicht bist.
Wage zu träumen
von dir
wie du wirklich bist.
Wage zu träumen
von dir
und nach dem Erwachen
verwasche nicht
dein traumhaft wahres Gesicht.«

Marion hat diese Verse auf eine Karte geschrieben, die ich immer wieder anschauen muß: durch eine Balkontüre fällt Sonnenlicht und auf dem Boden tanzen Schmetterlinge.

Wage zu träumen ...

Diese Aufforderung kam im richtigen Moment. Ich versuche dem Geheimnis nachzuspüren, daß auch ein Wort seine Zeit hat; daß es nicht zu früh kommt und nicht zu spät, sondern genau dann, wenn man es braucht. Das habe ich schon öfter erlebt und es bewegt mich immer wieder neu, welch geistige, geheimnisvolle Kräfte da am Werk sind, die einem Menschen das eingeben, was ein anderer nötig hat.

Wage zu träumen ...

Das will ich jetzt tun und ich will aufpassen, daß ich hinterher nicht mein ›wahrhaft traumhaftes Gesicht verwasche‹.

Ich bin immer wieder überrascht, wenn mich mitten aus heiterem Himmel eine depressive Verstimmung überfällt. Es gibt keinen sichtbaren Grund dafür. Ich habe keine größeren Sorgen als sonst auch. Die Sonne lacht vom Himmel. Eigentlich müßte es mir an solch einem strahlenden Tag gutgehen.

Mir aber ist, als wären alle Freunde weit weg, als hätte ich überhaupt keine. Ich fühle mich allein, ausgesetzt in einer gnadenlosen Wüste. Ich habe alles so satt. All mein Tun, ja mein ganzes Leben erscheint mir sinnlos, fragwürdig, ohne Wert. Ich, die so gerne lebt, würde am liebsten sterben. Ich möchte, daß endlich alles vorbei ist, alles Suchen und alles Fragen, alles Verzichtenmüssen und alles Gefordertsein. Ich habe Sehnsucht nach ewiger Ruhe, endlosem Schlaf.

»Alles ist eitel und Haschen nach Wind«, sagt der Prediger in dem alten Bibelbuch. Wie recht er hat.

Ich habe Erfolg. Er bedeutet mir nichts. Ich erfahre Anerkennung. Sie macht mich nicht satt. Ich bin hungrig nach Nähe und Geborgenheit. Ich bräuchte eine Schulter, an die ich mich anlehnen kann, wo ich müde sein darf und ausgelaugt. Ich möchte nicht immer alles allein entscheiden müssen. Ich habe viele Kontakte. Was mir fehlt, ist ein Mensch, ein einziger, der zu mir gehört. Ein Mensch, der mich lieb hat, so wie ich bin; bei dem ich meine zahlreichen Rollen aufgeben darf; wo ich nicht irgendeinem Bild entsprechen muß, einer Vorstellung, tausend Erwartungen; einer, der sagt:

»Es ist schön, daß du da bist. Laß mich bei dir bleiben.«

Dieses Gefühl der Sinnlosigkeit und Leere ist grauenhaft. Nichts hat mehr Gültigkeit, alles ist fragwürdig, unwesentlich. Ich möchte aufgeben, mich um nichts mehr kümmern, keine Verantwortung mehr tragen. Ich habe das Gefühl, keiner braucht mich wirklich. Ich bin ersetzbar, auswechselbar. Wäre ich nicht mehr da, gäbe es eine Last, eine Belastung weniger in der Welt.

Ich habe jetzt darüber nachgedacht, ob ich wirklich sterben möchte. Eigentlich nicht. Im Grunde genommen ist es das Gefühl, mein Leben, so wie es momentan ist, nicht mehr aushalten zu können. Ich möchte kneifen, davonlaufen, es anders haben. Ich spüre Mangel und ein großes Defizit an Lebensqualität, an Lebensintensität, Lebensfreude. Dafür gibt es sicher viele Namen.

Was fehlt mir wirklich?

Auch wenn es noch so weh tut, ich muß es mir eingestehen: Ich brauche Liebe.

Anstatt wie hypnotisiert auf das zu starren, was mir im Moment fehlt, sollte ich lieber darüber nachdenken, wen ich besuchen könnte, um aus diesem Tief herauszukommen. Weiß ich doch, daß nur ich allein fähig bin, meine Einsamkeit zu durchbrechen, auf andere zuzugehen und ihnen meine Bedürftigkeit zu zeigen.

Das Geschirr ist abgewaschen, die Wohnung einigermaßen aufgeräumt und die Waschmaschine gefüllt. Alltägliche Verrichtungen, über die ich normalerweise kein Wort verliere. Aber ich hocke in solch einem Stimmungstief, daß mir alles gleichgültig ist. Ich möchte mich nur noch verkriechen, nichts mehr hören und sehen. Ich bin stundenlang herumgehockt, bis ich die paar Arbeiten in Angriff nahm. Dabei führte ich einen erbitterten Kampf gegen meine Antriebslosigkeit. Ich habe gesiegt. Aber um welchen Preis! Es ist, als hätte ich die Kraft von zehn Tagen verbraucht. Aufgaben, die ich sonst mühelos erledige, wuchsen sich zu Schwerstarbeiten aus. Ich bin mir fremd in dieser Inaktivität.

Schlittere ich wieder in eine Depression hinein?

Vielleicht wehrt sich auch nur mein Körper gegen die ständige Überforderung. Ich will nicht wahrhaben, daß ich bei den Hausarbeiten im Rollstuhl mehr Kräfte verbrauche, als dies ein Nichtbehinderter tut. Außerdem muß alles bei mir fix gehen und ich freue mich, wenn man meine Schnelligkeit bewundert. Ich bin kein geduldiger Mensch, mit mir nicht und leider auch oft nicht mit anderen. Ich habe dies einmal sehr betroffen in einem Urlaub gemerkt, als eine Bekannte verletzt sagte:

»Ich bin dir einfach immer zu langsam. Ständig habe ich das Gefühl, daß ich etwas nicht richtig mache.«

Mir war das gar nicht bewußt. Zu Hause bin ich weitgehend selbständig, aber in einer fremden Umgebung ist meist einiges an Hilfe nötig. Dieses Angewiesensein ertrage ich nur schwer. Es macht mich schnell aggressiv.

Ein Phlegmatiker hätte heute bestimmt seine helle Freude an mir: sein Arbeitstempo wäre garantiert weitaus schneller, als ich es momentan an den Tag lege.

12. März

Manchmal kommt im richtigen Augenblick das, was man gerade braucht. So ist es mir heute ergangen. Womit es zusammenhängt, weiß ich nicht. Aber ich fühlte mich seit Tagen unnütz, überflüssig, wertlos. Was immer ich tat, erschien mir sinnlos, und ich fragte mich selbstquälerisch, ob ich nicht nur für alle Leute noch eine Belastung sei. Wer würde wirklich trauern, wenn es mich nicht mehr gäbe? Würde mich auch nur ein einziger Mensch vermissen, wenn ich nicht mehr da wäre? Mitten hinein in diese Grübeleien erreichte mich dieser Brief:

»Du bist ein Schatz!!!! (Vier Ausrufezeichen!) Ich danke Dir von Herzen für Deinen Brief, und daß Du mir trotz all Deiner Post sofort geantwortet hast, ist großartig. Auch daß Du geschrieben hast, Du kennst diese Kriegsspiele aus eigener Erfahrung. Das ist das Liebenswerte an Dir, daß du nicht auf einem hohen Podest hockst und Tips gibst, sondern ich kann halt dabei fühlen: Du hast das alles selbst schon durchlebt. Ich bin froh, Dich zur Freundin zu haben. Laß Dich umarmen. Du hast mich vor einer idiotischen Eselei bewahrt...«

Danke, lieber Gott, danke! Auch du hast mich vor einer Eselei bewahrt...

Hurra, mein neues Buch ist vom Kösel-Verlag angenommen worden. Im Moment hat es noch den Arbeitstitel »Was da passieren könnte«. Aber ich weiß schon jetzt, daß ich einen anderen Titel finden muß. Es sind Geschichten gegen die Angst und gegen den Tod, prall gefüllt mit Leben. Als ich das Manuskript noch einmal gelesen habe, habe ich ganz intensiv gespürt, wie reich mein Leben ist. Es sind wahre Geschichten, und ich bin dankbar, daß das Leben an mir nicht vorbeigegangen ist, daß ich trotz meiner Behinderung mitten drin stehe. Mir ist wieder einmal bewußt geworden, wie gern ich doch lebe. Wie ich offen bin für Überraschungen und neue Möglichkeiten, auch wenn ich dabei manchmal zittere vor Angst. Ich hoffe, daß ich mich dem Leben nie verweigere; daß ich auch dann noch mich zu ihm bekenne, wenn Leid und Schmerz mich wieder beuteln, wenn die Depression alle Lebensfreude aufsaugen möchte. Ich kenne diese Situationen. Erst vor ein paar Tagen wollte ich aufgeben und hatte genug von all den Anforderungen und Belastungen. Trotzdem liebe ich das Leben.

Johannes schrieb einmal: »Es ist eine wunderschöne Liebesgeschichte, die Du mit dem Leben angefangen hast. Und zu jeder Liebesgeschichte gehören auch Tränen und Angst und Unsicherheit und Zweifel und Enttäuschung. Aber wer wie Du eine so innige, hingabevolle Beziehung mit all dem eingegangen ist, der bleibt mit allen, die er liebt, ganz lebendig verbunden.«

Das habe ich jetzt aus »Umarmen möcht ich dich« abgeschrieben. Ich wollte mit diesem Buch Menschen ermutigen, ihre persönliche Liebesgeschichte mit dem Leben zu wagen. Eigentlich ist das neue Buch nichts anderes als eine Bekräftigung dieser Hoffnung. Ich möchte meinen Lesern Appetit auf Leben machen, oder falls sie den schon haben, größeren Appetit wecken. Ich bin gespannt, ob mir das gelingen wird. Ob sie auch auf mein neues Buch mir ihre Gedanken schreiben werden, so wie viele es nach dem Erscheinen von »Umarmen möcht ich dich« getan haben?

Im Moment bekümmert mich ein wenig, daß der Erscheinungstermin erst in einem Jahr sein wird. Das ist für meine Ungeduld eine harte Probe. Ein Buch zu schreiben, das ist, wie wenn man ein Kind in sich trägt, es wächst und entwickelt sich. Man freut sich auf seine

Geburt, dazwischen plagen einen Ängste, ob es gesund und lebensfähig sein wird. Und wenn es geboren ist, möchte man es beglückt seinen Freunden zeigen. Dann sucht man nach einem Namen – meint einen gefunden zu haben, verwirft ihn wieder –, sucht von neuem.

Diese Namenssuche wird mir sicher noch einiges Kopfzerbrechen bereiten. Ich bin selbst gespannt, wie mein jüngstes Kind heißen wird.

Zum erstenmal in meinem Leben bin ich in einer Universitätspoliklinik gewesen. Auch im Nachhinein ist das fast noch ein Alptraum für mich: total überfüllte Wartezimmer, eine Luft zum Schneiden, Frauen, die sich auf lange Wartezeiten mit einem Strickzeug eingerichtet haben, andere, die unruhig auf ihrem Stuhl hin- und herrutschen, auf die Uhr schauen, maulen. Streit um ein Fenster, das geöffnet werden soll. Dazwischen ich mit meinem Rollstuhl, eingekeilt, keinen Meter beweglich. Mein Begleiter hält sich auf dem Flur auf, schaut ab und zu herein, ob ich noch immer nicht dran bin. Achselzucken . . .

Für mich ist nur schwer einsichtig, warum keine Termine ausgegeben werden, warum fünfzig Leute stundenlang sitzen müssen, Zeit totschlagen, gestreßt werden.

Als ich drankomme, ist der Vormittag fast vorbei. Der Hautarzt schickt mich weiter zum Neurologen. Aber da ist an diesem Tag kein Termin mehr zu bekommen. Ich solle mich am nächsten Morgen um acht Uhr einfinden. Um zehn Uhr habe ich bereits einen Termin beim Hals-Nasen-Ohren-Arzt. Das wird zeitlich nicht zu schaffen sein. Ich will es trotzdem versuchen.

Am anderen Morgen in der Neurologie eine einsichtige Sekretärin. Sie will schauen, ob sie mich »vorziehen« kann. Es klappt. Die Ärztin ist freundlich, einfühlsam. Viele Untersuchungen, Röntgen, Blutabnahme – das dauert. Ergebnis: Da seien zu viele unklare Beschwerden, die könne man nur stationär abklären. O Gott, nun habe ich, was ich auf keinen Fall wollte: einen Klinikaufenthalt in der Neurologie. Aufnahmetermin nicht vor Mai.

Mit einer halben Stunde Verspätung bin ich beim HNO-Arzt. Ich hatte über einige Beziehungen einen Termin beim Oberarzt bekommen. Er hat schon nach mir gefragt. Ich entschuldige mich wegen der Verspätung und erkläre, daß ich wegen meiner Stimme käme. Ich würde sehr schnell heiser und könnte deshalb meine Autorenlesungen nicht mehr halten. Er bedauert. Für die Stimme sei sein Kollege zuständig. Er würde mich persönlich zu ihm bringen, damit der mich gleich drannähme. Aber ich habe Pech. Der Kollege kommt erst um vierzehn Uhr wieder. Und jetzt geschieht etwas für mich Unfaßliches. Ich hatte von meinen Schwierigkeiten mit dem Sitzen gesprochen. Der Oberarzt sagte:

»Ich werde mich bemühen, daß Sie ein Klinikbett bekommen. Dann können Sie bis vierzehn Uhr liegen, und es wird nicht allzu anstrengend für Sie.«

Einer Schwester erklärt er, daß eine Liege nicht genüge, es müsse ein Bett sein. Das sei in meinem Fall zu rechtfertigen.

Über lange Flure, verschiedene Aufzüge werde ich auf die Kinderstation gebracht. Dort bricht das Weltbild der Stationsschwester zusammen. Unfreundlich taxiert sie mich, ob ein Kinderbett für mich genüge. Eine Aufwartefrau bringt mich dann in einen Abstellraum. Freundlich sagt sie:

»Sie werden sicher auch Hunger haben. Ich kann Ihnen kein Mittagessen anbieten, weil die portioniert sind. Aber ich habe heißen Tee, und wenn Sie mögen, schmiere ich Ihnen auch eine Buttersemmel. Ich weiß, wie das ist, wenn einem niemand hilft. Ich habe es auch erfahren, wie gut ein freundlicher Blick tut.«

Selten hat mir eine Buttersemmel so gut geschmeckt.

Um vierzehn Uhr gibt es Schwierigkeiten. Keine der Schwestern will mich zu dem HNO-Arzt bringen. Dafür seien sie nicht zuständig. Unfreundliche Blicke. All mein Bitten nützt nichts. Erst als ich ihnen androhe, ich würde sie verantwortlich dafür machen, wenn ich mein Taxi noch weitere Stunden warten lassen müßte, beauftragt die Stationsschwester eine Helferin.

Der HNO-Arzt wirkt unpersönlich. Er stellt ein paar Routinefragen, aber er schaut mir nicht in den Hals. Mein Facharzt zu Hause hatte mir gesagt, es seien komplizierte Untersuchungen nötig, die nur mit den Apparaten einer Universitätsklinik ermöglicht werden könnten. Der Arzt macht keinerlei Anstalten zu solch einer Untersuchung. Als er hört, daß ich mich erschöpft fühle, meint er, ich solle erst zum Internisten, zum Gynäkologen und ... und ... und ... Und wenn ich all das hinter mir hätte und meine Stimme sei noch immer nicht in Ordnung, dann könnte ich ja nochmals kommen. Nach einigem Hin und Her bringe ich ihn doch dazu, mir wenigstens in den Hals zu schauen. Mehr erreiche ich nicht, obwohl ich nochmals darauf hinweise, daß ich weiterhin gern Autorenlesungen halten möchte und daß dazu meine Stimme in Ordnung sein muß. Das interessiert ihn überhaupt nicht. Er kann mich nicht schnell genug loswerden. Er könne mir wirklich nicht helfen.

Mich überfällt eine ohnmächtige Wut. Sein ganzes Gehabe

demonstriert: ›Was soll das alles bei einer alten, noch dazu behinderten Frau? Es ist unwichtig, ob ihre Stimme richtig funktioniert oder nicht. Den finanziellen Aufwand einer umfangreichen Untersuchung können wir uns ersparen.‹

Noch ehe ich etwas sagen kann, schiebt er mich aus dem Untersuchungszimmer. Er behandelt mich wie einen lästigen Fall, mit dem man nichts zu tun haben möchte. Er demonstriert Macht. Ich finde mich ohnmächtig, hilflos, mit Tränen in den Augen auf dem Flur wieder. Am liebsten würde ich mich beschweren. Ich überlege, ob ich zu dem freundlichen Oberarzt nochmals zurückkehren soll. Ich lasse es. Dabei hatte ich all den anderen Konsultationen nur zugestimmt, weil die Stimmuntersuchung nur in der Uniklinik möglich war. Eingebracht hatte mir das nun lediglich einen Klinikaufenthalt, den ich wirklich nicht wollte.

Ich hatte die Möglichkeit, an einem EA-Regionaltreffen teilzunehmen. Diese Selbsthilfegruppen für seelische Gesundheit (Emotions Anonymous) breiten sich immer mehr aus. Man erfährt in ihnen viel Wärme und Zuwendung. Es waren weit über hundert Teilnehmer. Aus ganz Bayern und vereinzelt auch aus den übrigen Bundesländern waren sie nach Würzburg gekommen. Beglückend für mich war, daß so viele – vor allem junge – Menschen auf mich zukamen und sagten:

»Ach, du bist die Luise, die das Buch geschrieben hat. Ich habe mir so gewünscht, dich einmal kennenzulernen.«

Alle sagen in diesen Gruppen Du zueinander. Obwohl ich ein Mensch bin, der viel lieber Sie sagt und eine gewisse Distanz hält, fiel es mir nicht schwer, mich auf dieses Du einzulassen. Wir haben uns in die Augen geschaut, haben uns angelacht und manchmal haben wir uns auch spontan umarmt. Da füllte sich der Titel meines Buches »Umarmen möcht ich dich« mit Leben.

In den vier Stunden Pause, wo ich auf meiner Liege lag, ist immer jemand auf der Treppe oder in meinem Rollstuhl bei mir gesessen. Was ist mir da alles anvertraut worden! Ein Jugoslawe saß bei mir, und Tränen liefen über sein Gesicht. Es war ein ganz stilles Weinen, so als würde sich ein lang erstarrter Schmerz lösen – auflösen. Ich habe dem Mann nach meiner Rückkehr ein paar Zeilen geschrieben. Er hat mich gleich angerufen und mir immer wieder gesagt:

»Ich habe den Brief all meinen Arbeitskollegen gezeigt und auch meinen Freunden.«

Ich war ganz betroffen, daß solch eine winzige Geste der Zuwendung einen anderen Menschen so beglücken, so beschenken kann.

Ich möchte noch ein wenig den Erinnerungen an das EA-Treffen nachhängen. Ich versuche, nochmals diese Atmosphäre der Wärme und des Angenommenseins nachzuempfinden. Wenn ich die Augen schließe, sehe ich viele Menschen vor mir, viele Gesichter, manches Lachen, aber auch Tränen. Ich höre Worte der Dankbarkeit, des Lebenwollens, der Beglückung und des Zu-sich-selber-Findens, aber auch des Suchens, des Fragens, voller Schmerz oder Wut, voll von Lebensangst und Betroffensein.In Gedanken halte ich noch einmal das Mädchen im Arm, das beim Abschied so bitterlich weinte; sie stammelte Worte an meiner Schulter, die zu leise waren, um sie verstehen zu können. Aber das war letztlich auch gar nicht wichtig. Ich habe sie an mich gedrückt und gestreichelt, und ihr Vertrauen war ein kostbares Geschenk für mich. Als sie sich aus meiner Umarmung löste, sah sie mir in die Augen und lächelte unter Tränen:

»Danke!«

In all dem Durcheinander des Aufbruchs und Abschiednehmens kamen immer wieder Menschen auf mich zu, die ich zu Beginn der Tagung noch nicht gekannt hatte, mit denen ich ein paar Worte gewechselt hatte und wo ich spürte, das war echte Begegnung. Wir hielten uns nicht bei Nebensächlichkeiten auf, wir waren sehr schnell bei wesentlichen Dingen.

Ich erinnere mich an den Mann, der mir von seinem behinderten Kind erzählt hat und auch davon, wieviel Not ihm das mache.

Ich sehe den Familienrichter vor mir, der mir unbekannterweise auf mein Buch »Umarmen möcht ich dich« geschrieben hatte. Nun waren wir uns zufällig auf dieser Tagung begegnet und wir konnten das Briefgespräch fortsetzen.

Ein Mann verabschiedete sich mit Tränen in den Augen: »Ich bin so froh, daß ich dir begegnet bin. Du hast solch eine klare Ausstrahlung.«

Wann im Alltag erlebt man soviel Wärme und Zuwendung, soviel Offenheit und Anerkennung? Ich genoß die Umarmungen, nahm beglückt wahr, daß Männer warteten, um sich noch von mir verabschieden zu können. Ich müßte keine Frau sein, wenn mich das nicht beschwingt hätte. Aber ich nahm auch wahr, daß Gerhild ständig neben mir stand, ungeduldig auf meinen Aufbruch wartend. Ich meinte, ihren Neid zu spüren. Sie wirkte so verhungert auf mich. Warum ging sie von sich aus auf niemanden zu? Warum wartete sie, anstatt sich das zu holen, was sie brauchte? Als ich einmal aufschaute, ließ mich ihr Gesicht fast erstarren. Sie strahlte so viel Abwehr aus, daß sich bestimmt niemand an sie herantraute.

Plötzlich verspürte ich keine Freiheit mehr, mit dem noch ein Wort zu wechseln, da noch einen Scherz zu tauschen. Ich brach ab und sagte ziemlich abrupt:

»Tschüs, ich muß gehen.«

Aber noch immer war ich umringt. Ich schob Menschen weg, versuchte, mir mit meinem Rollstuhl Bahn zu brechen und sagte immer wieder:

»Ich habe keine Zeit mehr. Bitte entschuldigt, aber ich muß gehen.«

Dabei wäre ich so gern noch geblieben, hätte mich so gern noch eine Weile gebadet in diesem Lebenselixier des Angenommenseins. Als mich wieder jemand ansprach und festhielt, mahnte Gerhild scharf:

»Nun komm endlich. Du weißt doch, daß Dorothee mit dem Essen wartet.«

Dabei hatte Dorothee uns gesagt, es sei völlig gleichgültig, wann wir kämen. Sie würde das Essen warm stellen und wir sollten den Tag genießen. Ich versuchte dies klarzustellen, aber Gerhild reagierte verärgert. Eine Frau wollte mir unbedingt noch etwas sagen. Aber ich merkte, daß ich nur noch mit halbem Ohr hinhören konnte. Ich unterbrach sie mit einem sehr unguten Gefühl:

»Du, ich muß gehen.«

Ich verstand Gerhilds Situation. Ich verstand, daß es für sie fast nicht zum Aushalten war. Es mußte sie tief verletzen, daß mir so viel Zuwendung zukam, während sie fast nicht beachtet wurde; daß sie voll Neid sah, daß ich all das bekam, was auch sie gern gehabt hätte. Gleichzeitig tat mir mein Angewiesensein auf andere weh. Immer mußte ich mich nach anderen richten, mußte gehen, wann sie es für richtig hielten. Oder, falls ich mich nicht fügte, ihre Aggressionen aushalten. Dabei denke ich jetzt:

›Warum habe ich mir diese halbe Stunde des Abschiednehmens nicht noch gegönnt? Warum habe ich nicht vorgeschlagen, Gerhild könne allein aufbrechen, ich würde später mit einem Taxi nachkommen? Warum nahm ich mir diese Freiheit nicht?‹

Als wir endlich das Haus verließen, lag nach langen Regentagen Frühlingsahnen in der Luft. Ich hätte so gern – ziemlich lufthungrig, nachdem ich während der Tagung kein einziges Mal frische Luft schnappen konnte – einen kleinen Rollstuhlbummel gemacht. Ich unterdrückte dieses Bedürfnis, aber ich wünschte mir, wenigstens vom Auto aus einen Blick auf den Main werfen zu können. Dies hätte einen Umweg von zwei Minuten bedeutet. Aber Gerhild war zu nichts zu bewegen. Sie sagte verbissen:

»Dazu ist jetzt keine Zeit mehr, wir müssen zum Essen.«

Schüchtern wies ich noch einmal darauf hin, daß Dorothee uns erlaubt hatte, wir könnten kommen, wann wir wollten. Aber sie fuhr stur den Weg zu unserer Gastgeberin. Da diese im ersten Stock wohnte, war klar, daß ich auch nach dem Essen keine Möglichkeit zu einem Spaziergang haben würde. Die Treppen verboten, dies später noch nachzuholen. Nach dem Essen waren Dorothee und Gerhild sich einig, es sei solch ein wunderschöner Tag, daß man unbedingt noch einen Bummel machen müßte. Dorothee überlegte, wie ich mitkommen könnte. Aber ich scheute mich vor dem sehr schwierigen Treppentransport und blieb in der Wohnung. Irgendwie dachte ich:

›Vielleicht ist das jetzt für Gerhild der Ausgleich für ihr Verzichtenmüssen, wenn sie sieht, daß auch ich nicht alles vom Leben bekomme.‹

Ich merkte, daß ich Gerhild gegenüber Schuldgefühle hatte. Hätte ich mich ihr zuliebe nicht schneller aus der Gruppe herausziehen müssen? Konventioneller verhalten müssen? Hätte ich mich nicht besser abgrenzen müssen? Dreimal ›Müssen . . .‹ steht nun da. Damit kann ich umgehen: daß ich immer muß; daß ich fast immer funktioniere, wie man es von mir erwartet; daß ich mich selber unter Druck setze und danach frage, was die anderen von mir denken, wie sie mich berurteilen, einschätzen, geringschätzen . . .

Ich will mir die beglückenden Erfahrungen dieses Tages nicht kaputtmachen mit all den Grübeleien, ob ich mich richtig verhalten habe. Als Gerhild vom Spaziergang zurückkam, hatten wir ein sehr offenes Gespräch. Schließlich gestand sie, sie wisse, daß sie für ihr Sattwerden selbst verantwortlich sei. Sie sagte, sie hocke immer wie ein Kind in der Ecke und warte darauf, daß einer sie entdecke. Sie hätte mit Neid gesehen, wie unbefangen ich auf fremde Menschen zugegangen sei und wie mir deshalb auch so vieles zurückgegeben wurde. Sie sei immer durch ihre Angst vor Verletzung blockiert. Unverständlich war ihr, daß auch ich diese Angst kenne. Sie meinte, es fiele mir leicht, Kontakt aufzunehmen.

Am Abend der Tagung hatte ich widerstreitende Gefühle. Vorausgegangen war, daß ich tagsüber ein paarmal neidvoll registriert hatte, daß jeder sich seinen Platz dort aussuchen konnte, wo er wollte. Ich mußte mit meinem Rollstuhl stehen, wo es möglich war. Dabei hätte ich mich so gern einmal neben Johannes gesetzt, aber dazu bot sich keinerlei Chance.

Bei der Begrüßung hatte mich Johannes in herzlicher Wiedersehensfreude in den Arm genommen. Aber er war so umlagert, daß wir nur ein paar Sätze miteinander reden konnten. In den Pausen war es für mich unmöglich, mich mit dem Rollstuhl bis zu ihm durchzuarbeiten. Einen Augenblick tat mir das weh. Aber ich hing diesem Gefühl nicht lange nach. Ich hatte so viele Kontakte und Gespräche, daß ich dachte, man sollte nicht immer etwas anderes haben wollen als das, was sich gerade anbiete.

Am Abend war auch die Bevölkerung der Stadt eingeladen. Der Saal füllte sich. Als Johannes kam, überschaute er einen Augenblick lang die Menschenmenge, schnappte sich dann einen Stuhl, durchquerte den halben Saal und setzte sich neben mich.

»Mußt du nicht vorne auf dem Podium sitzen?«

»Doch, aber es genügt, wenn ich mit Reden dran bin. Da sitzen ohnehin genug.«

Es beglückte mich, daß Johannes mich gewählt hatte; daß er offensichtlich auch den Wunsch verspürte, mir nahe zu sein. Auf dem Podium erzählte ein Teilnehmer seine Erfahrungen mit EA. Ich hatte plötzlich ganz stark das Bedürfnis nach Nähe. Zögernd legte ich meine Hand auf die von Johannes. Er umschloß sie warm und fest. Ich merkte die Blicke einiger Leute. Sofort war mir mein Verhalten peinlich. Ich wollte meine Hand zurückziehen. Aber Johannes gab sie nicht frei. Es war als wollte er sagen:

»Bleib da. Es ist schön, daß du da bist. Was kümmern dich fremde Leute.«

Als wir Beifall klatschten, legte ich meine Hand auf meine

Rollstuhllehne zurück. Aber Johannes holte sie sich wieder. Wir lächelten uns an. Dies wiederholte sich mehrmals. Wir waren fast wie Kinder, die sich verschworen hatten gegen die Ansichten ihrer Eltern. Es war wie ein Spiel, das beschwingte und froh machte. Aber irgendwann dachte ich:

›Wenn das nur gut geht. Eigentlich bin ich ziemlich sicher, daß ich dafür Prügel beziehe.‹

Endlich war Johannes mit seiner Rede dran. Nie merkt man ihm an, daß er keinen fertigen Vortrag hat. Meist überläßt er sich dem, was ihm gerade einfällt, mit einem sicheren Gespür für augenblickliche Situationen. Das bringt mit sich, daß er nie theoretisiert, sondern daß pulsierendes Leben eingefangen ist, gewürzt mit viel Humor.

Als der Abend zu Ende war, drängte sich eine junge Frau zu mir durch:

»Gelt, Sie sind sehr abhängig von Johannes. Ich habe Ihr Buch gelesen.«

Sie sagte es ziemlich aggressiv und ich dachte:

›Ich habe ja gewußt, daß da etwas nachkommt.‹

Früher hätte ich mich aufgeregt und dies als anmaßende Unterstellung abgetan. Jetzt wußte ich einfach, daß mein Verhalten okay war und daß ich mich vor niemandem rechtfertigen mußte. So erwiderte ich ganz ruhig:

»Ja, ich mag ihn sehr. Aber ich bin nicht abhängig.«

Es war ein großer Fortschritt für mich, daß ich zugeben konnte, einen Menschen zu lieben. Ich übernahm die Verantwortung für mein Verhalten und war nicht darauf angewiesen, daß mir ein anderer die Genehmigung dazu erteilte. Meine Antwort machte die Dame wütend. Sie wollte mir nicht abnehmen, daß ich nicht abhängig sei. Darüber müsse sie mit mir diskutieren. Das lehnte ich ab. Ich sagte sehr ruhig:

»Vielleicht sollten Sie sich fragen, ob das Ihr Problem ist. Meines ist es ganz bestimmt nicht.«

Die Frau fauchte. Nachdem ich mich aber weigerte, mich zu rechtfertigen, gestand sie widerstrebend:

»Sie haben recht. Ich habe mich in meinen Therapeuten verliebt und bin sehr abhängig von ihm.«

Na also!

Ich hätte mich gerne von Johannes verabschiedet. Aber es standen bei ihm so viele Leute an, die mit ihm noch reden wollten, daß ich mir ersparte, mich in die Wartenden einzureihen. Meine Sehnsucht war gestillt. Ich war satt geworden an diesem Abend. Ich war zufrieden, ausgeglichen, dankbar. Ich ging noch nicht gleich, sondern tauschte da noch ein paar Worte, hörte dort noch etwas zu. Als ich ins Auto einsteigen wollte, rief eine Stimme aus dem Dunkel:

»Da ist doch Luise noch!«

Und Johannes ging auf mich zu, nahm mich warm und herzlich in den Arm:

»Schlaf gut!«

Aber vor den Schlaf war noch eine lange steile Treppe gelegt. Der mitternächtliche Treppentransport endete fast in einer Katastrophe. Dorothee hatte außer ihrem Mann noch einen Nachbarn gebeten, dabei behilflich zu sein. Der begriff nicht, wie man den Rollstuhl kippen konnte. Er ließ sich auch nichts sagen. So beschlossen die Männer, mich auf Händen, ohne den Rollstuhl, zu tragen. Ich muß von Hüfte und Wirbelsäule her sehr aufpassen, daß nichts gezerrt wird. Dies versuchte ich zu erklären. Aber der alte, eigensinnige Mann entgegnete sehr energisch:

»Das geht schon!«

Ich hatte durch sein ungeschicktes Anfassen schier unerträgliche Schmerzen und kam mir vor wie ein unhandliches Möbelstück, das man unter allen Umständen hinaufhieven mußte, ganz gleich wieviele Schrammen es davontragen würde. Gunther schleppte die Hauptlast, er merkte, daß es so nicht ging, aber er kam nicht an gegen den starrsinnigen Alten.

Als wir dann – alle drei schweißgebadet – endlich in der Wohnung waren, entdeckte ich, daß mein Koffer im Tagungshaus stehengeblieben war. Gunther erbot sich, die zehn Kilometer zurückzufahren, aber Dorothee meinte, sie würde mich mit allem versorgen, was ich brauche: Nachthemd, neue Zahnbürste, Waschlappen. Ich fühlte mich wie ein abgerissener Handwerksbursche, angewiesen auf die Gutwilligkeit reicher Leute. Dabei war ich bei Freunden. Ich merkte meine Schwierigkeit, die ich wieder einmal mit dem Annehmen hatte. Aber Dorothee nahm mich in den Arm und lachte:

»Na komm, diese eine Nacht wirst du schon im fremden Nachthemd schlafen können.«

Sie machte es mir sehr leicht. Trotzdem habe ich wenig geschlafen. Die Treppen türmten sich zu einem unüberwindlichen Hindernis. Ich wollte am nächsten Morgen nochmals zu diesem EA-Treffen. Wohl hatte ich organisiert, daß ich abgeholt würde. Der Familienrichter, den ich gebeten hatte, hatte nach kurzem Zögern zugestimmt und er war ein kräftiger Mann, der die Treppen bestimmt bewältigen konnte. Aber ich mußte dann am Nachmittag ja auch wieder zurück, und das war noch nicht geklärt.

Plötzlich fühlte ich mich nicht mehr berechtigt, das zu wollen, was die anderen Teilnehmer so selbstverständlich hatten. Stand mir ein erneuter Besuch dieses Treffens überhaupt noch zu? Hätte ich mich nicht mit dem gestrigen Tag begnügen sollen? War ich durch den Rollstuhl nicht eine unzumutbare Belastung für meine Gastgeber? Würden sie wegen des mehrmaligen Treppentransportes nicht ärgerlich auf meine Wünsche reagieren? Vor allem aber: wie sollte ich den unter solchen Umständen mehrmals überstehen? Noch einmal solch ein Gezerre wie in der Nacht, das konnte ich mir nicht leisten.

›Scheißtreppen!‹ dachte ich.

Und weil ich nun schon einmal dabei war, alles in den schwärzesten Farben zu sehen und mich selbst dabei zu verletzen, fiel mir auch noch ein, daß Johannes den Titel meines Buches »Herrgott, schaff die Treppen ab« nicht mochte. Vor ein paar Jahren hatte er sich gewünscht, ich möge ein weiteres Buch schreiben mit dem Titel »Gott sei Dank, daß es Treppen gibt«. Zwar verstand ich, was er damit sagen wollte, nämlich, daß Treppen auch etwas Verbindendes haben. Wie oft aber schlossen sie mich aus, machten spontane Besuche unmöglich. Dafür würde ich als Rollstuhlfahrerin nie danken können.

Plötzlich tat dies alles ganz scheußlich weh, und ich empfand fast etwas wie Haß gegen Johannes, weil er sich so wenig in die Rollstuhlsituation einfühlen konnte. Er lief leichtfüßig über Treppen hinweg. Er wollte nicht wahrhaben, daß nicht immer kräftige Männer zur Hand waren, wenn Treppen überwunden werden mußten. Er verstand nicht die Ängste, die ein Rollstuhlfahrer durchlebt bei Menschen, die unsachgemäß einen Treppentransport durchführten. Vor allem ließen Männer sich nur ungern sachgerechte Anweisungen geben. Sie wußten fast immer alles besser und waren allzuleicht gekränkt, wenn man ihnen nicht blind vertraute.

Johannes hatte mich noch nie eine Treppe transportieren müssen. Auch sonst überließ er das Rollstuhlschieben anderen. Schmerz und Wut mischten sich. Ich weinte bitterlich in dieser Nacht. Ich bekam Mitleid mit mir selbst und merkte, wie ich voll Neid auf all das sah, was die Nichtbehinderten so mühelos haben mußten. Ob das jetzt ein Freudscher Versprecher war? Denn natürlich meinte ich ›haben konnten‹. Aber sie mußten auch so vieles haben. Sie konnten sich manches holen, was sie sich wünschten, ohne erst lange jemanden bitten zu müssen und Gefahr zu laufen, daß der gerade keine Lust verspürte und deshalb nein sagte.

Während ich all das aufschreibe, merke ich, daß ich meine Gefühle zensieren möchte. War ich wirklich ein neidischer Mensch? Ich, die fast perfekt im Verzichten war? Die lächelnd an der Tanzfläche zuschaute, wenn andere sich vergnügten? Gab ich meinen Freunden nicht das Gefühl, daß ich neidlos zusehen konnte? Daß ich ihnen ihre so zahlreichen Möglichkeiten gönnte, die mir verwehrt waren? Hatten sie mich nicht gerade deshalb so gern dabei – auch wenn ich vieles nicht mitmachen konnte –, weil ich ihnen ihren Spaß nicht vermieste?

Ja, all das stimmte. Aber es stimmte auch, daß ich meinen Schmerz verbarg aus Angst, sie könnten mich als Störenfried empfinden und sich von mir als Spielverderber distanzieren. Ich verdrängte den Schmerz, war ich doch ziemlich sicher, daß mir all das nicht mehr weh tun durfte, wenn ich meine Behinderung angenommen habe. Und das wollte ich auf jeden Fall: meine Behinderung annehmen. Sie gehörte zu mir und ich wollte sie nicht leugnen.

Wenn ich jetzt noch eine Weile so weiterdenke, dann habe ich wieder alles im Griff; dann beherrsche ich wieder meisterhaft das Spiel des Verzichtenkönnens. War es nicht einfach töricht, Dinge haben zu wollen, die einem versagt waren? Vom Kopf her stimmte das alles. Aber vom Bauch her tat es mir weh. Da war im Moment auch das Gefühl von Neid. Ich weiß, daß es in Ordnung ist, auch diese Regung zuzulassen. So weinte ich mich in jener Nacht in den Schlaf.

Als Dorothee mich am andern Morgen weckte, vergnügt, gutgelaunt, liefen die Tränen schon wieder.

»Diese Scheißtreppen!«

Dorothee hockte sich auf meinen Bettrand:

»Du, wir haben uns das auch überlegt. Wir werden den alten Mann nicht wieder holen. Gunther meint, wenn du ihm das richtig erklärst, kann er das auch allein.«

Bockig sagte ich: »Ich gehe heute nicht mehr zu der Veranstaltung. Es genügt, daß ich einmal dort war.«

Aber Dorothee lachte mich aus und meinte: »Nun spinn' nicht. Wir haben doch schon schwierigere Situationen miteinander gelöst.«

Eine Stunde später holte der Familienrichter mich ab. Er handhabte den Rollstuhl an der Treppe sehr geschickt. Der nächtliche Spuk verflog. Ich war offen für neue Begegnungen.

Ich habe Johann Sebastian Bachs Matthäuspassion im Fernsehen gehört. Es war eine Übertragung aus der Thomanerkirche in Leipzig. Die Bachchöre, gesungen von den Thomanern, haben mich angerührt, gingen mir zu Herzen. Sehr sensibel, von der Stimme her unendlich einfühlsam Peter Schreier, der Evangelist.

Dazwischen ein Anruf von Ingo. Er hat Knochenkrebs und ist erst dreiundvierzig Jahre alt. Er weiß, daß er sterben muß. Ich fühlte mich sehr hilflos und habe fast nur zugehört.

Als ich nach Beendigung unseres Telefongesprächs den Ton am Fernseher wieder einschaltete, sang der Evangelist gerade:

»... und verschied.«

Dann folgte der Choral:

»Wenn ich einmal soll scheiden,
so scheide nicht von mir...«

Ich habe unwillkürlich denken müssen, wie lange wohl Ingo noch zu leben hat. Auch über meine eigene Lebenszeit habe ich nachgedacht. Ich wußte Ingo und auch mich eingeschlossen in dem Gebet:

»Wenn ich den Tod soll leiden,
so tritt du dann herfür.
Wenn mir am allerbängsten
wird um das Herze sein,
so reiß mich aus den Ängsten
kraft deiner Angst und Pein.«

Darauf hoffe ich, daß der Jesus, um dessen Tod ich weine und an dessen Auferstehung ich glaube, dann gegenwärtig ist, mich bei der Hand nimmt und sagt:

»Der Tod wird nicht mehr sein, noch Schmerz wird mehr sein...«

Ich bin ein von Schmerzen geplagter Mensch. Manchen Tag kann ich mich kaum rühren, so weh tun mir meine Gelenke, die Wirbelsäule, der vom Schreibmaschineschreiben so belastete Rücken, die sehr schmerzhaften Aphten an der Mundschleimhaut, die Mißempfindungen am ganzen Körper. Jedes für sich wäre erträglich, aber die mancherlei Beschwerden summieren sich, behindern mich, nehmen mir den Atem, lassen mein Gebet verstummen, fressen die Freude am Leben weg. Dabei lebe ich so gern, liebe das Leben – mein Leben! Der Dank für mein Leben ist mir nicht fremd. Ich weiß, daß es nicht selbstverständlich ist, so leben zu können, wie ich lebe, so selbständig, so frei, so offen für die Vielfalt des Lebens.

Schmerzen sind mir immer wieder eine große Anfechtung. Manchmal denke ich, sie seien ›unnötig wie ein Kropf‹. Sie machen mich nicht besser; sie verhindern so vieles, was ich gern tun würde und was vielleicht auch für andere Menschen nützlich sein könnte. Manchmal kann ich einen Besuch nicht empfangen, weil ich so schmerzgeplagt bin, daß mir die Kräfte zum Zuhören fehlen.

Ich horche dem Klang dieser Verheißung nach: »Der Tod wird nicht mehr sein, noch Schmerz wird mehr sein ...«

Das muß der Himmel sein: einmal keine Schmerzen mehr aushalten zu müssen, sich frei und ungezwungen bewegen zu können ... Auch wenn das Zukunftsmusik ist, merkwürdigerweise vermag mich diese Aussicht im Moment zu trösten.

»Veilchen träumen schon,
wollen balde kommen.
Horch,
von fern ein leiser Harfenton.
Frühling, ja du bist's,
dich hab ich vernommen.«

Ich bin auf meiner Terrasse gelegen, warm eingepackt noch, aber ich habe die Frühlingsluft geschnuppert. Als ich mir das grün werdende Gras ansah, entdeckte ich zwei winzige Veilchenknospen. Ich habe für einen Moment die Augen geschlossen und mir den Veilchenduft vorgestellt, den ein dicker Strauß verströmen würde. Ich habe die beiden Knospen gepflückt und sie einem Brief an Johannes beigelegt. Heute ist nämlich ein besonderer Tag.

Heute vor vier Jahren bin ich zu Johannes gefahren. Bei einem Motivationsgespräch sollte abgeklärt werden, ob seine Klinik für mich der richtige Ort sei, um eine Therapie zu machen. Ich hatte große Angst vor diesem Gespräch. Ich wußte, wie bekannt Johannes war und daß viele in ihm einen bemerkenswerten Guru sahen. All das ging mir irgendwie gegen den Strich. Ich brauchte keinen Guru, den ich anhimmeln konnte, und auch niemanden, der mir meinen Weg vorschrieb. Was ich suchte, war ein fähiger Therapeut, der mir Hilfe zur Selbsthilfe vermitteln würde.

Die Klinik war außergewöhnlich. Noch heute spüre ich den Schock, den ich erlitt, als ich sie betrat. Da stand doch tatsächlich ein Paar und schmuste ungeniert miteinander. Ein anderes hielt sich an den Händen und sah sich unverwandt in die Augen. Irritiert schaute ich weg, peinlich berührt. Aber o Schreck, schon trafen meine Augen auf die nächste Umarmung. Bestürzt fragte ich eine Frau, ob das hier üblich sei, das wäre ja schrecklich. Sie lachte mich offen an:

»Daran wirst du dich schon gewöhnen. Am Anfang ging es mir auch wie dir.«

Sie sagte einfach Du zu mir. Auch das war üblich.

Nein, da wollte ich nicht hin. Aber im Gespräch mit den Gästen – es gibt keine Patienten – hörte ich für mich aufregende Berichte.

Ich spürte, da war Leben, ansteckende Gesundheit. War dies nicht jeden Preis wert? Während ich auf Johannes wartete, setzten sich einige Leute zu mir. Sie machten mir Mut, den Schritt in diese Klinik zu wagen und mich nicht abschrecken zu lassen von all dem, was mir im Augenblick Angst machte. Einer der Gäste sagte:

»Eben ist Johannes mit dem Auto vorgefahren.«

Darauf ein anderer:

»Das dauert noch eine Weile, bis er sich durchgeküßt hat.«

Mein Gott, sprachen die respektlos von ihrem Chefarzt. Das würde er doch hoffentlich nicht tun. Da küßte er auch schon eine Frau. Ich war total verwirrt, als er vor mir stand und mich mit klaren Augen aufmerksam ansah. Er bat mich, mit ihm zu kommen. Als er Platz nahm, hatte ich mich wieder gefangen. Kein Wort verlor ich darüber, wie sehr ich geschockt war. Ich schilderte sehr unterkühlt meine Depressionen und war stolz, daß es mir gelang, scheinbar emotionsfrei darüber zu berichten.

Heute – Jahre nach meinem Klinikaufenthalt – belustigt mich mein damaliges Verhalten sehr. Denn inzwischen habe ich gelernt, mit meinen Gefühlen umzugehen, sie zuzulassen. Mein Buch über diese Klinik hat den Titel »Umarmen möcht ich dich«. Das ist fast ein Wunder für mich, daß ich diesen Titel wählte. Ich, die so große Schwierigkeiten mit Umarmungen hatte. Ich mochte diese Art des Sichbegegnens nicht. Ich liebte Distanz. Aber ich weiß noch wie heute, welcher Schreck mich durchfuhr, als ich mich von Johannes damals an jenem ersten April verabschiedete. Er stand unter der Tür und gab mir die Hand, und ich dachte:

›Was würde er jetzt denken, wenn ich ihn umarmen würde?‹

Bestürzt schob ich diese Regung beiseite. Was war nur geschehen, daß ich – wenn auch nur für einen winzigen Moment – den Wunsch nach Nähe hatte? Und das bei einem Menschen, der mir völlig fremd war. Dieses Gefühl beunruhigte mich sehr. Das durfte ich nicht zulassen. Ich wußte, daß in der Klinik viel mit Körperkontakt gearbeitet wird. Ich wußte auch, daß Johannes Schwierigkeiten hatte, eine behinderte Frau zu umarmen. Waren damit nicht bereits unlösbare Konflikte vorprogrammiert? Eigentlich wollte ich nicht in diese Klinik. Sie löste zu viele Ängste bei mir aus. Gleichzeitig hatte ich dort aber so viel ansteckende Gesundheit bei den Gästen gespürt. Die wollte ich auch haben.

So stürzte ich mich kopfüber in das Abenteuer dieser Therapie. Was ist dabei alles in Gang gekommen. Vieles in meinem Leben hat sich verändert. Ich habe wieder angefangen, intensiv zu leben – trotz mancher Rückfälle – und ich bin vor allem dankbarer geworden. Meine Erwartungshaltung dem Leben gegenüber hat sich verändert. Ich weiß heute, daß das Leben sich keine Bedingungen stellen läßt. Ich weiß auch, daß ich für mein Wohlergehen selbst verantwortlich bin. Früher habe ich öfter schmollend in einer Ecke gehockt und gedacht:

›Der andere könnte doch auch mal sehen, wie schlecht es mir geht. Wieso tut er nichts zu meinem Wohlbefinden? War er mir das nicht schuldig bei all dem, was ich für ihn getan hatte?‹

Oft war ich bitter enttäuscht, wenn der andere nicht kam und mein Elend nicht registrierte. Irgendwann gab ich diese Haltung auf. Ich erwartete nichts mehr, weil die ständigen Enttäuschungen zu weh taten. Ich richtete mich in meiner Mangelsituation ein. Ich wurde sehr genügsam. Ich ernährte mich – wie Johannes sagte – von »zwei Rosinen und drei Erdnüssen«. Aber davon kann man nicht leben. In der Klinik habe ich gelernt, verantwortlich für mein Essen selbst zu sorgen. Das klingt jetzt sehr imposant, so als hätte ich das voll im Griff. Be-griffen habe ich es – im Alltag macht's mir aber immer wieder einmal Schwierigkeiten. Zu gern wäre ich dann das kleine Kind, das gefüttert werden muß, damit es nicht verhungert. Aber ich bin kein Baby mehr. Ich bin ein erwachsener Mensch. Daß das so schwer zu leben ist: Erwachsensein.

Ich muß nicht immer stark sein. Diesen Satz sage ich mir heute schon den ganzen Tag vor. Dabei merke ich, wie sperrig er für mich ist, wie er Borsten und Widerhaken hat und wie sehr er eigentlich meinem Wesen zuwiderläuft. Mein Leben lang bin ich eigentlich eine Frau gewesen, die sich stark gab. Die das auch ausstrahlte. Daraus ist mir manche Bewunderung erwachsen. Es war ein gutes Gefühl, stärker als die widrigen Umstände zu sein. Meist kämpfte ich wie ein Löwe, verbissen und ohne Bereitschaft aufzugeben. Das brachte manchen Sieg, und noch in der Niederlage fühlte ich mich unbezwinglich. Dabei habe ich viele Wunden und Verletzungen erfahren. Sie heilten und ich zeigte die zurückbleibenden Narben niemandem. Aber immer häufiger dachte ich erschöpft:

›Ich möchte einmal schwach sein dürfen. Sagen dürfen: »Das ist mir zu schwer. Das überfordert mich.«‹

Mir begegnete das Christuswort: »Laß dir an meiner Gnade genügen, denn meine Kraft ist in dem Schwachen mächtig.« Das gefiel mir. Aber ich konnte es in meinem Leben noch nicht umsetzen. Später sah ich, wie aus einem Stein eine Blüte wuchs, wie das Schwache das Starke bezwang. Ich lernte Menschen kennen, die krank waren und nichts mehr leisten konnten und von deren Schwäche etwas ausging, das mich mit Staunen erfüllte.

In einer Gruppenstunde weinte ich einmal. Hinterher sagte ein Teilnehmer – er war ein großer, kräftiger Mann mit breiten Schultern –:

»Mir hat sehr geholfen, daß du geweint hast. Auf mich hast du immer so stark gewirkt. Jetzt kann ich mit dir viel besser umgehen.« Und Johannes ergänzte:

»Schwachsein ist nicht Schwäche. Schwachsein heißt: Bedürfnisse haben. Laß sie zu.«

Dies will ich üben: Schwäche zuzulassen; sie nicht mehr zu überdecken mit unmenschlichen Anstrengungen. Noch macht es mir Angst, einzugestehen: ›Das und das kann ich nicht. Hier brauche ich Hilfe.‹ Aber ich weiß, daß diese Einsicht lebensnotwendig für mich ist. Ich weiß auch, daß ich im Annehmen von Schwäche menschlicher werde, menschlicher gegen mich, aber sicher auch gegen andere.

Am Geburtstag kam viel Liebe zu mir, viel Post, viele Anrufe und einige Besuche. Mein Mund war so schlimm entzündet, daß das viele Redenmüssen eine Qual war. Die Kraft hat ausgereicht. Jetzt aber fühle ich mich total erschöpft. Ich habe mir zum erstenmal erlaubt, keine strahlende Gastgeberin zu sein, sondern zuzugeben, daß mir im Moment alles zuviel ist. Aus dieser Erfahrung heraus habe ich beschlossen, meinen nächsten Rundbrief unter das Thema zu stellen: »Ich muß nicht immer stark sein.« Zwar habe ich es nur zögernd gewählt, weiß ich doch, daß in unserer Leistungsgesellschaft nur der Tüchtige zählt, daß Schwäche gleichgesetzt wird mit Unvermögen, mit Versagen. Das Wort vom Schwächling ist naheliegend. Ich bin gespannt, ob ich geeignete Literatur zu diesem Thema finde. Zum Thema Starksein wüßte ich auf Anhieb eine Reihe Bücher zu nennen. Da könnte ich auch mühelos einen eigenen Artikel schreiben. Werden meine Leser das sehr angriffige Thema verstehen? Werden sie nicht denken, jetzt wo sie älter wird, propagiert sie die Schwäche? Ist dies nicht nur ein geschickter Schachzug von mir? All die in mir aufsteigenden Fragen zeigen mir, daß ich diesen Satz: »Ich muß nicht immer stark sein« wohl vom Kopf her begriffen habe, daß aber Herz und Bauch sich noch dagegen wehren.

Ich muß nicht immer stark sein – was würde das für mich konkret bedeuten? Vielleicht dies:

Nicht mehr verbissen gegen Schmerzen zu kämpfen, sondern sie anzunehmen –

Zuzulassen, daß meine körperlichen Kräfte weniger werden –

Zu einem Freund zu sagen: »Ich weiß nicht mehr weiter. Ich brauche dich.« –

Anzuerkennen, daß die Grenzen enger werden –

Unvermögen nicht als Versagen zu empfinden –

Mich nicht ständig zu überfordern –

Bedürfnisse zu haben nach Nähe, Wärme, Geborgenheit, Trost –

Verletzungen nicht mehr hinweglachen zu wollen –

Nach einer Schulter Ausschau zu halten –

Alles Dinge, die ich mir früher kaum einmal erlaubt habe, die aber ein Leben erst menschlich machen. Je länger ich darüber nachdenke, desto mehr verliert der Satz »Ich muß nicht immer stark sein« seinen für mich bedrohlichen Klang. Fast erscheint er mir wie eine Einladung zu mehr Leben, zu intensiveren Gefühlen, zu Fülle und Erfüllung. Mir ist plötzlich, als hätte ich in der Vergangenheit einen ganz wichtigen Aspekt in meinem Leben ausgeklammert. Wie gut, daß ich begriffen habe, daß Leistung nicht satt macht; daß sie zwar zu unserem Menschsein gehört, daß sie aber niemals zum Sinn unseres Daseins werden darf. Ich ahne, daß der »Mut zum Sein« andere Dimensionen eröffnet, als sie mir bis jetzt vertraut waren. Dazu darf man sich sicher nicht nur halbherzig entscheiden, will man in der geistigen Welt sich zu Hause fühlen. Manches Umdenken wird nötig werden, manche Lebensanschauung muß über Bord geworfen werden, und Altbewährtes wird unversehens fragwürdig.

Ich kann nur hoffen, daß mir Menschen begegnen, die davon mehr wissen als ich; die mich mit auf den Weg nehmen und mir ihre Erlebnisse nicht vorenthalten. Zwar weiß ich, daß Erfahrungen nicht übertragbar sind, aber sie können Ermutigung sein, sich auf Unbekanntes einzulassen, sich auf unvertrauten Wegen weiterzuwagen. Im Moment klingt es sehr tröstlich für mich: »Ich muß nicht immer stark sein.«

Praktisch heißt das heute: Ich akzeptiere, daß ich im Moment meiner Schmerzen wegen nicht arbeiten kann. Ich werde mich jetzt – am hellen Nachmittag – ohne schlechtes Gewissen ins Bett legen, mit dem Gefühl: Das steht mir heute zu.

Ich habe mich eben maßlos geärgert. Eine Bekannte hat angerufen. Sie wollte wissen, wie es mir gehe. Ich habe mich hinreißen lassen, sehr ungeschützt von meinen Beschwerden zu reden, von meiner Müdigkeit, meiner Antriebslosigkeit und daß ich alles satt habe. Ich war so übervoll, deshalb vergaß ich alle Vorsicht. Ich redete einfach, wie mir zumute war. Die Bekannte unterbrach mich ungeduldig:

»Aber du mußt doch zugeben, daß du viel Grund zum Dankbarsein hast. Du lebst in viel besseren Verhältnissen als die meisten Behinderten.«

Als wenn das das Problem wäre!

Ich versuchte mich zu rechtfertigen und wurde gleichzeitig innerlich wütend, daß ich meinen Zustand verteidigen mußte. Ich habe dann sehr geschickt abgelenkt und die Bekannte nach ihrem Ergehen gefragt. Nach einigen Floskeln beendete ich das Gespräch.

Jetzt fühle ich mich sehr allein, sehr unverstanden, sehr geprügelt. Ich hätte im Augenblick einen Menschen nötig gehabt, der zuhören konnte, der meine Klagen aushielt und mir nicht vorwarf, was ich doch für ein undankbarer Mensch sei. Ich ärgere mich über mich selbst, daß ich nicht fertigbrachte zu sagen:

»Du, ich habe ein Recht auf meine Gefühle. Ich bin es leid, all meine Sorgen hinwegzulachen, nur damit keiner von euch in seinem Wohlbehagen gestört wird.«

Mir fällt immer mehr auf, wie wenig Menschen es gibt, die wirklich zuhören können; die nicht mit billigen Antworten sich das Elend des anderen vom Hals halten. Die dableiben und ihre Schultern mit unter die Last des anderen stemmen. Ehrlicherweise muß ich zugeben, daß ich das anfangs auch nicht konnte. Aus meinem Bedürfnis heraus, dem anderen zu helfen, war ich bemüht, Lösungen für verfahrene Situationen zu finden, Wege aufzuzeigen, die er in seiner vermeintlichen Blindheit nicht sah. Es war für mich ein gutes Gefühl, den scheinbar Hilflosen so aktiv beraten zu können. Ihm zu sagen:

»Mach das so und so. Du wirst sehen, das geht.«

Dabei ging ich von mir aus, von meinen Möglichkeiten, von meinen Ansichten und Einsichten. Manchmal machte es mich ärgerlich, daß der andere meine so gut gemeinten Ratschläge nicht annahm, daß er widersprach und mein Engagement nicht zu schätzen wußte. Ich verstand nicht, warum er plötzlich aggressiv reagierte, wo ich mir so viel Mühe gab, seine Situation zu verändern, zu verbessern. Bis mir aufging, daß ich *ihn* dabei fast ganz aus den Augen verloren hatte. Daß *ich* wußte, was er brauchte, anstatt nach seinen Bedürfnissen zu fragen, seinen Wunsch nach Schweigen und Teilnehmen zu hören, seine Bitte, neben ihm auszuhalten, genauso ratlos und stumm wie er selbst.

Zunächst machte mir diese Einsicht viele Ängste. Ich brauchte das Gefühl, etwas tun zu können. Ich wollte nicht hilflos, ratlos einer Situation gegenüberstehen. Brauchte der andere nicht jemanden, der besser als er selbst sah, wie man die Not wenden konnte?

Ich machte mir bewußt, wie es mir erging, wenn ich so tatkräftigen Leuten begegnete, die am liebsten mein ganzes Leben umgekrempelt hätten. Die so genau wußten, wie mein Leben aussehen müßte, damit es ihren Vorstellungen entspräche. Die am liebsten für mich gedacht und entschieden hätten. Die es, ach, so gut mit mir meinten. Ihre so einleuchtenden Ratschläge wirkten auf mich wie Schläge. Nach solchen Gesprächen ging es mir hinterher oft viel schlechter als zuvor.

Ich horchte in mich hinein und ließ meine Bedürfnisse zu, meinen Wunsch nach Nähe und Verstandenwerden. Ich begriff, daß es Liebe sein konnte, eine Antwort für sich zu behalten, all die zur Verfügung stehenden Sprüche nicht auszusprechen und damit dem anderen die Chance zu geben, in sich selbst Lösungsmöglichkeiten zu finden, *seine* Lösung, nicht meine.

Sicher darf man nicht immer schweigen. Es gibt Situationen, die eine klare Antwort erforderlich machen. Aber die sind weitaus seltener, als wir gemeinhin annehmen. Ich meine nicht, daß wir das Reden lernen müssen, sondern das Zuhören, das Hinhören, das Aushalten von Schmerz, von Angst, von Wut. Das ist nichts Passives. Wirkliches Zuhören ist eine enorm aktive Situation. Da muß ich mich auseinandersetzen mit meiner eigenen Hilflosigkeit. Ich muß mich gegen meine Redseligkeit entscheiden, gegen den Wunsch, Abstand zu schaffen, gegen mein Bedürfnis, stärker als die Not zu sein. Da bin ich gefragt mit meiner Fähigkeit, mich einzufühlen, mit meiner Liebe zum Nächsten, mit meiner Geduld und Toleranz. Da bin ich gefordert mit der Geste schweigender Zuwendung, mit einem Blick, einem ermutigenden Lächeln oder auch mit meinen Tränen.

Nun bin ich fast ins Dozieren gekommen. Aber indem ich mir bewußt machte, was Zuhörenkönnen wirklich heißt, bin ich mit meinen eigenen Bedürfnissen sehr in Kontakt gekommen. Mir fiel ein Gedicht von Rudolf Bohren ein:

»im vorübergehen
fragt mein nachbar
wie es gehe
er fragt nicht
weil er mitgehen will
er fragt
weil er weitergehen will
ich antworte
es geht
aber es geht nicht
so nicht.«

Ich denke noch einmal an die Anruferin und daß ich in meiner Einsamkeit ihre Frage nach meinem Ergehen ernst genommen hatte. Ich hatte meine Zurückhaltung aufgegeben, weil alles in mir nach Verstandenwerden schrie. Es war schiefgegangen. Na ja, es mußte schiefgehen, weil die Frau an meinem Ergehen nicht wirklich interessiert war. Im Grunde genommen wollte sie das für sie beruhigende Gefühl, daß es mir gut ging. Dann war sie nämlich wieder entlassen in ihre Welt, in der kein Platz für Elend war.

Manchmal bekommt man die Chance, ein Fehlverhalten zu korrigieren. Ingo hat angerufen. Es geht ihm nicht gut. Seine Krebserkrankung löst immer neue Beschwerden aus. Ich habe eine halbe Stunde fast nur zugehört. Danach Ingos Frage nach meinem Ergehen. Soll ich sie mit ein paar unverbindlichen Worten abtun? Ingo hat genug zu tragen. Ich möchte ihn nicht belasten. Aber dann entschließe ich mich, ehrlich zu sagen, wie ich mich momentan fühle. Ingo blockt sofort ab und weist mich hin auf all die Dinge, die ich noch habe. Natürlich hat er recht. Wenn ich seine aussichtslose Situation mit der meinen vergleiche, geht es mir unverhältnismäßig gut. Trotzdem empfinde ich das, was Ingo sagt, wie Predigen. Es verletzt mich tief. Ich fühle mich abgeschoben, mit meinen Beschwernissen nicht ernst genommen, in meine Grenzen zurückverwiesen.

Doch dieses Mal spreche ich aus, was ich dabei fühle. Ingo erwidert:

»Ich kann es nicht aushalten, wenn es dir schlecht geht. Ich brauche dich als Vorbild, das alles meistert.«

Ich sage, daß ich das nicht sein möchte: jemand, den er auf einen Sockel stellt. Ich möchte neben ihm stehen. Ich möchte, daß das Leid uns verbindet und nicht meine übermäßige Tapferkeit. Es wurde ein gutes Gespräch. Ich hatte das Gefühl, daß wir uns dabei sehr nahe gekommen sind.

Mir fällt eben ein, daß ich ähnliches schon einmal erlebt habe. Es war auf einer Tagung in der Schweiz. Lachend begrüßte mich ein Journalist:

»Na, wie geht's dir denn?«

»Schlecht!«

Irritiert sah er mich an:

»Das gibt es doch nicht.«

Bekannte drängten sich dazwischen, wollten mir guten Tag sagen. Der Journalist ging weiter. Als ich ihn am nächsten Tag wieder sah, fragte ich, ob er einen Moment Zeit hätte, ich würde gern etwas mit ihm besprechen.

»Ich hatte gestern das Gefühl, daß es dir nicht paßte, daß ich mir erlaubte, auf deine Frage nach meinem Ergehen ›schlecht‹ zu sagen.«

Das bestätigte er:

»Du, ich brauche das einfach, daß es dir gut geht. Immer, wenn ich nicht weiter weiß, erinnere ich mich an dich und sage mir: ›Wenn die Luise ihr Leben meistert, dann kann ich das mit meinen Möglichkeiten erst recht.‹«

Da war ich wieder in der Rolle, die ich viele Jahre eingenommen hatte. Ich galt als jemand, der fast alles im Griff hatte, der auch in schwierigsten Situationen nicht aufgab und von dem man sagte, er würde noch lachen, wenn das Haus einfiele. Aber diese Frau wollte ich nicht mehr sein. Ich wollte herunter von dem Podest, das mich einsam machte. Ich wollte genau wie jeder andere sagen dürfen, wo ich mich schwertat, wo ich mich überfordert fühlte. Früher war ich eine sehr starke Frau. Ich gab mich zumindest so. Jetzt wußte ich, daß ich nicht immer stark sein mußte. Daß ich ein Recht auf meine Gefühle hatte: auf meinen Schmerz, auf meine Angst und auf meine Wut.

Darüber habe ich mit dem Journalisten geprochen. Zu Beginn unserer Auseinandersetzung stand Meinung gegen Meinung. Es war mühsam, meine Ansicht darzulegen, den Mann zu überzeugen, daß ich ein Recht hatte, schwach sein zu dürfen, Schmerzen einzugestehen und nicht die ewig Lachende zu sein. Nach und nach begriff er, wie egoistisch seine Forderung war. Er verstand, was er mir zumutete mit seinem Ansinnen, es hätte mir gut zu gehen, damit er sich wohl fühlen konnte.

Ein Kirchenlied geht mir heute durch den Sinn. Ich bringe den Text gar nicht los:

»Befiehl du deine Wege
und was dein Herze kränkt
der allertreusten Pflege,
dess', der den Himmel lenkt.
Der Wolken, Luft und Winden
gibt Wege, Lauf und Bahn,
der wird auch Wege finden,
da dein Fuß gehen kann.«

Wie oft schon habe ich dieses Lied gehört, habe es mitgesungen, es irgendwie tröstlich empfunden. Aber nie ist mir sonderlich die Verszeile »... und was dein Herze kränkt« aufgefallen. Daß ich meine Wege Gottes Achtsamkeit anvertraue, das hatte ich des öfteren bedacht. Aber die Kränkungen meines Herzens? Die hatte ich fast immer allein mit mir abgemacht. Die hatten mit Menschen zu tun, und nicht mit Gott. Konnte ich die denn aus der Hand geben, sie einem anderen überlassen?

Kirchliche Leute haben mich so sehr verletzt, daß ich nur noch schreien möchte. Ich empfinde ihre Lieblosigkeit als sehr kränkend ... krankmachend ...

Zum erstenmal habe ich jetzt eine Seite aus meinem Tagebuch gerissen. Ich mag die Anklagen nicht stehenlassen, auch wenn sie stimmen. Es hat gut getan, mir den ganzen Zorn von der Seele zu schreiben, aber ich meine, ich sollte das Geschriebene nicht aufheben. Vielleicht müßte ich mich später einiger Anschuldigungen schämen.

Schlimm ist freilich, daß sich ein Teil der Aggressionen gegen mich selbst richtet. Ich verkrafte es fast nicht, daß ich so arglos in einige Fallen getappt bin. Wütend denke ich:

›So blöd kann auch nur ich sein!‹

Aber ist es so abwegig zu denken, bei Christen ginge es fairer und ehrlicher zu als im übrigen Geschäftsleben? Ist die Amtskirche nicht weitgehend auch nur eine Behörde, ein Amt, das Macht ausübt, ohne Rücksicht auf zwischenmenschliche Beziehungen? Ist es nicht normal, daß man von einem Amt nur selten einmal Anerkennung bekommt, geschweige denn ein Dankeschön oder gar ein persönliches Geschenk? Das Menschliche bleibt dabei meist auf der Strecke. Vielleicht kommt bei der Amtskirche im Gegensatz zu den übrigen Behörden noch dazu, daß sie meint, einen Anspruch auf ehrenamtliche Mitarbeiter zu haben. Ja, daß sie sich nicht scheut, manchmal das Gefühl zu vermitteln, der Freiwillige dürfe froh sein, daß man sich seiner bediene. Man kann ihn jederzeit wieder fallen lassen, wenn er unbequem wird oder wenn er in seiner Arbeit ein Mitspracherecht haben möchte. Auch wenn der Ehrenamtliche gute Arbeit leistet, darf er auf keinen Fall zu selbständig werden. Er bleibt immer ein Abhängiger von »Kirchens« Gnaden. Daß dahinter ein Mensch steht, der Gefühle hat und verletzbar ist, wird weitgehend übersehen. Ich kenne eine ganze Reihe von ehrenamtlichen Mitarbeitern, die verbittert aufgegeben haben. Menschen, die von den Verantwortlichen nie ein Wort des Dankes hörten, dafür aber viele Forderungen und Gebote. Nun gehöre ich auch dazu . . .

Die Kränkungen sind so massiv, daß ich auch jetzt beim Schreiben – beim Neuschreiben – mich zügeln muß, nicht doch wieder in Anklagen zu verfallen. Nach reiflichem Überlegen habe ich mich entschlossen, nicht weiter um meine ehrenamtliche Tätigkeit zu kämpfen, sondern aufzuhören.

Vermutlich wird es immer schmerzlich bleiben, eine langjährige Aufgabe abzugeben. Auch unter anderen Umständen würde das weh tun. Ein Lebenswerk loszulassen, das ist wie ein Stück Sterben. Das braucht Zeit, braucht Trauerarbeit. Um wieviel mehr unter solchen Umständen. Das kann gefährlich werden. Möge Gott mir helfen, daß keine Verbitterung zurückbleibt. Daß ich mich auch weiterhin dort nicht entziehe, wo ich gebraucht werde. Im Moment möchte ich sagen:

»Ich engagiere mich nirgends mehr. Dann kann mir so etwas nicht mehr passieren.«

In mir ist so viel Kränkung und Verletztsein. Nach dem vereinbarten Gespräch habe ich tagelang geweint. Es war, als würden wir verschiedene Sprachen sprechen. Ich weiß jetzt – hinterher –, daß ich mit den kirchlichen Leuten hätte streiten müssen. Es wäre wichtig gewesen – für mich und vielleicht auch für sie –, daß ich die

Dinge beim Namen genannt hätte. Ich hätte sagen müssen, daß ich mich wie eine Akte fühle, die man ohne Bedauern ablegen kann. Daß ich gekränkt bin, weil ich nie ein offizielles Wort der Anerkennung oder des Dankes gehört habe und auch wie beschämend ich es empfinde, daß man wohl meine Arbeitskraft in Anspruch genommen hat, mich aber jetzt wie eine heiße Kartoffel fallen läßt, nur weil ich eine von ihnen getroffene Entscheidung nicht mittragen konnte.

Himmel noch einmal, was will ich denn! Ich habe zugestimmt, daß ich nach einer Übergangszeit aufhöre. Die Kirchenleute sagten aufatmend, das sei ein fairer Kompromiß. War es das wirklich? War es nicht vielmehr ein unerlaubtes Nachgeben, bei dem alle Schwierigkeiten unter den Teppich gekehrt wurden, weil ich mich den wortgewaltigen Männern nicht gewachsen fühlte? Ich merke, daß ich mir selbst nicht verzeihen kann, daß ich um des lieben Friedens willen meine Kränkungen hinuntergeschluckt habe. Damit sind sie ja nicht ausgelöscht. Im Gegenteil.

»Befiel du deine Wege und was dein Herze kränkt . . .«

Wie schwer das doch ist, Kränkungen aus der Hand zu geben, nicht mehr um die eigene Rechtfertigung zu kämpfen.

Gott gebe mir die Gelassenheit –
Gelassenheit –
Gelassenheit –
lassen können –
loslassen –
Ich buchstabiere es mühsam.

Ich werde nicht fertig mit den kirchlichen Erfahrungen. Ich muß hier die Fakten – für mich – festhalten: Ich höre nicht deshalb auf, weil mich kränkt, daß mir kein Dank von offizieller Seite zugekommen ist. Ich höre auf, weil ich Entscheidungen, die einfach verfügt wurden, nicht mittragen kann. Ich habe auch nicht in der ersten Verärgerung die Arbeit hingeschmissen. Ich habe klar die Voraussetzungen genannt, unter denen ich weiterarbeiten würde. Aber das war für die kirchlichen Leute uninteressant. Ich war so dämlich zu glauben, die bräuchten mich. Jetzt sieht es so aus, als würde mein Nachfolger längst feststehen. Erfahren kann ich darüber allerdings nichts ...

Schlimm ist, daß ich all das allein mit mir abmachen muß. Daß Freunde sich seit langem wundern, daß ich diese ehrenamtliche Tätigkeit nicht längst aufgegeben habe. Sie meinen, ich müßte doch froh sein, all die Belastungen nun los zu haben. Ich hätte es nicht nötig, mich so behandeln zu lassen. Sie können nur schwer meinen Schmerz nachvollziehen.

Nicht nötig ...

Was habe ich denn wirklich nötig?

Im Moment fehlt mir eine Schulter, an der ich weinen kann und – o Schreck! – eine Matte, auf die ich einschlagen könnte. Vielleicht würde sich dann dieser furchtbare Knoten aus Schmerz und Wut lösen. Vielleicht würde ich hinterher sehen, daß ich es wirklich nicht nötig habe, dieser Arbeit nachzutrauern. Längst haben sich neue Türen aufgetan. Es gibt einige Verlage, die Arbeiten von mir haben wollen. Ich werde ganz bestimmt nicht ohne Aufgaben sein. Mache ich den Fehler, daß ich nicht loslassen möchte, weil die neuen Wege unbekannt sind?

Mir fällt Hesses Stufengedicht ein. Es soll hier stehen:

Stufen

Wie jede Blüte welkt
und jede Jugend
dem Alter weicht,
blüht jede Lebensstufe,
blüht jede Weisheit auch

und jede Tugend
zu ihrer Zeit
und darf nicht ewig dauern.
Es muß das Herz
bei jedem Lebensrufe
bereit zum Abschied sein
und Neubeginnen,
um sich in Tapferkeit
und ohne Trauern
in andre, neue Bindungen zu geben.
Und jedem Anfang wohnt ein Zauber inne,
der uns beschützt
und der uns hilft zu leben.
Wir sollen heiter
Raum um Raum durchschreiten,
an keinem wie an einer Heimat hängen.
Der Weltgeist will nicht fesseln uns und engen,
er will uns Stuf' um Stufe heben, weiten.
Kaum sind wir heimisch einem Lebenskreise
und traulich eingewöhnt,
so droht Erschlaffen.
Nur wer bereit zu Aufbruch ist und Reise,
Mag lähmender Gewöhnung sich entraffen.
Es wird vielleicht auch noch die Todesstunde
uns neuen Räumen jung entgegensenden.
Des Lebens Ruf an uns wird niemals enden.
Wohl an denn, Herz, nimm Abschied und gesunde.«

Wie wahr diese Verse sind. Nichts darf ewig dauern. »Nur wer bereit zu Aufbruch ist und Reise . . .« Das ist nicht immer leicht, wenn man sich eingerichtet hat, wenn man angefangen hat, sich wohl zu fühlen. Aber es muß sein, wenn nicht Erschlaffen drohen soll. Dabei kann die Verheißung trösten: »Und jedem Anfang wohnt ein Zauber inne, der uns beschützt und der uns hilft zu leben.« Zwar kann ich mir im Moment diese Verzauberung noch nicht vorstellen. Noch schaue ich rückwärts wie Lots Weib auf all das, was ich hergeben muß, loslassen muß. Aber ich möchte nicht wie sie zur Salzsäule erstarren. Deshalb gilt mir die Mahnung:

»Wohl an denn, Herz, nimm Abschied
und gesunde!«

Im Moment ist mir, als müßte ich mir Trost und Ermutigung durch andere Autoren zusprechen lassen. Mir fällt ein, was Hermann Hesse über das Glück sagt:

»Solang du nach dem Glücke jagst,
bist du nicht reif zum Glücklichsein
und wäre alles Liebste dein.
Solang du um Verlornes klagst
und Ziele hast und rastlos bist,
weißt du noch nicht, was Friede ist.
Erst wenn du jedem Wunsch entsagst,
nicht Ziel mehr noch Begehren kennst,
das Glück nicht mehr beim Namen nennst,
dann reicht dir des Geschehens Flut
nicht mehr ans Herz und deine Seele ruht.«

Ob ich das jemals erreichen werde, jedem Wunsch zu entsagen? Das Glück nicht mehr beim Namen zu nennen? Um Verlorenes nicht mehr zu klagen? Obwohl ich nicht sicher bin, ob ich das überhaupt will, kann ich mich doch im Augenblick diesen Versen nicht entziehen. Sie verbünden sich mit meiner Sehnsucht nach Frieden, Frieden mit mir selbst und mit den vermeintlichen Gegnern.

3. Mai

Heute vor zwölf oder dreizehn Jahren hat Johannes seine Klinik eröffnet. Ich weiß, sie feiern dort diesen Tag. Als ich heute mittag meinen Kaffee trank, war ich mit meinen Gedanken eine Weile dort. Ich hörte das Stimmengeschwirr, ich sah, wie den meisten Kaffee und Kuchen schmeckte, und ich habe mich unversehens unter sie gesetzt, dankbar dafür, daß es Johannes und diese Klinik gibt.

Am liebsten hätte ich ihm einen großen Strauß leuchtend gelber Schlüsselblumen zum Jahrestag der Klinikgründung geschickt. Ich will Johannes heute noch einen Brief schreiben. Es ist mir einfach ein Bedürfnis, ihm zu danken, daß er diesen Schritt gewagt hat, daß er trotz mancher Schwierigkeiten nicht aufgegeben hat und daß er immer offen für Veränderungen war. Durch den Mut, seinen Gästen Liebe zu schenken, ist es ein wenig wärmer geworden in dieser Welt. Ich weiß, daß er und seine Familie einen hohen Preis dafür bezahlt haben. Ich weiß auch, daß er sich manchmal in Zeiten der Entmutigung fragt, ob sich all das gelohnt habe. Ich hoffe, daß viele Menschen ihm die Gewißheit geben, daß seine Arbeit nicht umsonst war und es auch künftig nicht sein wird. Ich wünsche ihm, daß ihm all das zurückkommt, was er investiert hat an Liebe, an Mut, an Ängsten, an Zweifeln, an Ehrlichkeit, an Lebenskraft und Verstehenkönnen. Die Ängste und Zweifel sollen natürlich nur verwandelt zurückkommen, verwandelt in ansteckende Gesundheit.

Ich habe mich jetzt entschlossen, keinen Brief zu schreiben. Ich werde Johannes in der Klinik anrufen und ihm persönlich meine Glückwünsche sagen.

Ich muß das noch schnell festhalten: Ich habe Johannes tatsächlich sofort in der Klinik erreicht, und er gab mir das Gefühl, daß mein Anruf ein unerwartetes Geschenk für ihn sei. Für einen Augenblick erlebte ich Nähe – Vertrautheit – einen Ort der Zugehörigkeit. Das war sehr beglückend für mich.

10. Mai

Nun bin ich schon ein paar Tage auf Kreta, besser ausgedrückt: in einem europäischen Hotel, das überall irgendwo am Meer liegen könnte. Ich bin mit einer Gruppe geflogen, die gemeinsam Urlaub machen wollte und die als Ziel Kreta ausgewählt hat. Teilweise kannten wir uns schon von früheren Tagungen. Es war schön, Bekannte wieder zu treffen.

Leider sind die Wege ums Haus sehr schlecht, so daß es mit dem Rollstuhl schwierig ist, unterwegs zu sein. Ich liege deshalb viel auf meinem Balkon und habe einen zauberhaften Blick auf eine Bucht. Die Ruhe tut mir gut. Ich war ziemlich erschöpft nach einem anstrengenden Flug. Nein, nicht der Flug war strapaziös, sondern das stundenlange Warten auf den Flughäfen. Elf Stunden war ich unterwegs, bis ich endlich mein Hotelzimmer beziehen konnte. Die Griechen streikten, und so waren alle Flugpläne durcheinandergeraten. Einiges ist schiefgelaufen. Es gab unvorhergesehene Schwierigkeiten, Pannen und damit zusammenhängende Aufregungen.

Ich hatte mir vorgenommen, täglich niederzuschreiben, was ich erlebe. Nun merke ich, daß ich keinerlei Lust dazu verspüre. Auch das gehört zum Ausspannen, daß ich mir erlaube, einmal gar nichts zu müssen, selbst auf die Gefahr hin, daß es ein Urlaub wird, über den es keine Aufzeichnungen gibt.

Ich spüre den Wind, der vom Meer kommt. Ich höre sein Rauschen, und ich möchte mich der Stille überlassen, die über diesem sonnentrunkenen Nachmittag hängt . . .

Kreta war ein Abenteuer für mich mit all den Risiken und Belastungen, die ein Abenteuer mit sich bringt. Ich weiß im Moment noch nicht, ob ich sagen kann, es hat sich gelohnt. Ich denke dankbar an einiges Schöne: an ein paar Augen-blicke, an einige Spaziergänge auf einer blumengesäumten Straße mit atemberaubenden Ausblikken aufs Meer; an eine Griechin, die wir unterwegs trafen und die mir mit einem Handkuß Blumen überreichte; an . . .

In der Erinnerung ganz lebendig ist ein Tagesausflug, den wir mit einem gemieteten Auto unternahmen. Mir ging es an diesem Tag gesundheitlich relativ gut. So konnte ich ganz offen sein für die Erlebnisse dieses frühlingstrunkenen Tages. Das Meer schimmerte tiefblau. Schwindelerregende Kehren eröffneten immer wieder neue Ausblicke. Nicht satt sehen konnte ich mich an den silbrig glänzenden Ölbäumen mit ihren knorrigen, verkrüppelten Stämmen. Wir genossen die Lassithi-Hochebene mit ihren tausend Windmühlen. Ich sah die Blumen am Weg und mußte immer wieder von neuem staunen über die Intensität der Farben. Zur Mittagszeit fanden wir ein kleines, idyllisches Dorf. Ziegen und gackernde Hühner liefen auf der Dorfstraße, die Bauern saßen vor ihren Häusern und musterten uns neugierig. Wir ließen uns das einfache griechische Essen und den süffigen Wein schmecken, bummelten durch das Dorf, lachten und waren vergnügt wie reich Beschenkte. Ich sah an einem Stand eine bildschöne Wolljacke. Echte Schafwolle, Handarbeit. Die wollte ich haben. Enttäuscht reagierten meine Begleiter, weil ich sie um das Vergnügen des Handelns gebracht hatte. Ich konnte es einfach nicht. Die Jacke war für deutsche Verhältnisse spottbillig. Aber ich ließ mir sagen, das Handeln würde einem Kauf erst die richtige Würze geben. Der Spaß läge auf beiden Seiten.

Zum Abschluß waren wir noch am Meer. Während die anderen sich in die glitzernden Fluten stürzten, badete ich mich im Licht der untergehenden Sonne. ›An den Küsten des Lichts – ich bin wirklich an den Küsten des Lichts‹, dachte ich bewegt, erfüllt von dankbarem Staunen.

Täglich sah ich von meinem Bett aus die Sonne aufgehen . . . Sonne . . . Licht . . . Wärme . . . All das war da.

Aber es war eben auch das andere da. Selten einmal habe ich so intensiv mein Verzichtenmüssen gespürt. Die Wege um das Hotel waren sehr schlecht, so daß man mit dem Rollstuhl in dem steilen Gelände nur wenig unternehmen konnte. Die unzähligen Rillen im rissigen Beton verursachten arge Hüft- und Wirbelsäulenschmerzen. Dies schränkte die ohnehin geringe Bewegungsfreiheit noch mehr ein und schloß mich von vielen Begegnungsmöglichkeiten aus. So lag ich meist auf meinem Balkon und genoß den zauberhaften Blick auf die Bucht. Aber es war schon schmerzlich, daß ich kein einziges Mal am Strand liegen konnte, daß ich das Rauschen des Meeres nur von ferne hörte und daß ich keine Möglichkeit hatte, mit der griechischen Bevölkerung in Kontakt zu kommen.

Auf meinem Balkon hatte ich das, was ich brauchte: frische Luft, den Blick aufs Meer, Ruhe. Ich fühlte mich wohl auf meiner Liege. Ich ließ die Müdigkeit meines Körpers zu und lebte nicht ständig gegen ihn. Ich spürte dabei, daß ich vieles nicht mehr brauche. Daß ich nicht, wie mancher aus der Gruppe, gierig da- und dorthin rennen mußte, ständig von der Angst gequält, etwas zu versäumen. Ich mußte nicht Sorge haben, zu kurz zu kommen. Sehr oft ruhte ich in mir selbst und das war ein gutes Gefühl. Ab und zu fiel ich aus diesem Zustand der Zufriedenheit und sah voll Neid, wie leichtfüßig die Nichtbehinderten zu all den für mich unerreichbaren Orten gelangen konnten. Einmal wurde ich wütend über sehr erlebnishungrige Gäste. Ich merkte bei vielen, daß es nie genug war, was sie hatten. Immer fehlte noch irgend etwas zu ihrem vermeintlichen Glück. Manchmal dachte ich:

›Eigentlich bin ich in allem Verzichtenmüssen unwahrscheinlich gesund.‹

Diese Einsicht machte mich dankbar und ich fühlte mich wieder im Lot.

Die Hilfsbereitschaft in der Gruppe ließ teilweise zu wünschen übrig. Ich war ohne Begleitperson und daher auf die Gruppe angewiesen. Wir hatten es so geregelt, daß jeden Tag ein anderer Teilnehmer mir zur Verfügung stehen sollte. Es war nicht viel, was ich an Hilfeleistungen brauchte: daß man mich mit in den Speisesaal nahm oder auch einmal mit zu einer Veranstaltung. Verabredungen zu einem Spaziergang traf ich unabhängig von dieser Regelung. Aber für einige, die sich freiwillig gemeldet hatten, wurden die paar

Minuten, die sie hätten zur Verfügung stehen müssen, zum Problem. So zog ich mich immer mehr aus der Gruppe zurück. Ich weiß, daß ich mich hier nicht richtig verhalten habe. Ich hätte meine Schwierigkeiten in der Gruppe ansprechen müssen. Aber das habe ich nicht gepackt. Ich war es einfach leid, immer wieder neu Lernprozesse in Gang bringen zu müssen, zumal das schwierige Gelände um das Hotel mich nicht gerade ermutigte, viel zu unternehmen.

Sehr bald hatte sich herumgesprochen, daß man mich fast immer auf meinem Balkon vorfinden konnte. So war ich – wieder einmal – Anlaufstelle für alle möglichen Kümmernisse, Eifersüchteleien, Ärger über das Leitungsteam. Ab und zu brachte mir jemand selbstgepflückte Blumen, erwartete nichts von mir und wollte ganz einfach mit mir zusammensein. Das waren die Höhepunkte im Tagesablauf. Manchmal kam einer, um sich bei mir auszuruhen, total geschafft von dem Veranstaltungsstreß, unzufrieden mit sich selbst, weil er meinte, alles mitmachen zu müssen. Manchmal dachte ich:

›Es gibt Leute, die sich total überfressen und sich dann noch wundern, wenn ihnen speiübel wird, so daß sie kotzen müssen.‹

Ich weiß, das ist ein sehr drastisches Bild, aber ich kann ihren Zustand nicht anschaulicher beschreiben.

Kreta, zauberhafte, geschichtsträchtige Insel. Ich werde dich vermutlich nie mehr sehen. Meine Sehnsucht, dich erwandern zu können, wird für immer ungestillt bleiben. Für mich bist du eine Herausforderung gewesen. Aber ich meine, ich bin ganz gut damit fertig geworden.

Während ich jetzt schreibe, geht das Pfingsttreffen in der Klinik von Johannes zu Ende. Ich war viel mit meinen Gedanken dort. Ich ließ zu, daß ich traurig war, nicht dabei sein zu können. Zu gerne hätte ich den einen oder anderen wiedergesehen, hätte mich einhüllen lassen von der Warmherzigkeit der Atmosphäre. Aber ich hatte keine Fahrtmöglichkeit.

Um so beglückender war, daß Cordula mich heute aus der Klinik anrief. Ich habe seit Jahren nichts mehr von ihr gehört. Ich wußte auch nicht, daß sie zur Klinik noch Kontakt hatte, zumal sie damals ihre Therapie verärgert abgebrochen hatte. Nun war sie zu dem Ehemaligentreffen gefahren. Cordula sagte:

»Ich habe dich unter den vielen Besuchern vermißt. Ich bin zu Johannes gegangen und habe ihn gefragt, ob du nicht kommen würdest. Er gab mir deine Telefonnummer und meinte, ich solle dich anrufen.«

Ich konnte nicht fassen, daß ein Mensch, der im Augenblick so viele Begegnungsmöglichkeiten hatte, mich – mich! – vermißte. Noch dazu jemand, zu dem ich nicht den besten Kontakt in der Klinik gehabt hatte. Diese Erfahrung war für mich ein unerwartetes Geschenk. Genauso wie der gestrige Anruf von Johannes. Ich weiß ja, wie es zugeht bei solchen Begegnungstreffen. Viele möchten mit Johannes reden, möchten ihm nahesein und seine Zuwendung erfahren. Außerdem erwartet man von ihm meist einen Vortrag, eine Bibelstunde oder sonst ein Gruppengespräch. Daß in solch einer Streßsituation noch Raum blieb für einen Gedanken an mich, dafür bin ich sehr dankbar. Es hebt mein Selbstbewußtsein. Ich denke:

›Vielleicht hat auch Johannes mich ein wenig unter all den vielen Menschen vermißt.‹

Ich weiß es nicht, aber ich spüre: Ich habe einen Wert. Es gibt Menschen, die wahrnehmen, wenn ich nicht da bin. Ich hinterlasse eine Lücke.

Nun bin ich aus der Universitätsklinik wieder entlassen. Gott sei Dank! Ich konnte während meines Klinikaufenthaltes nicht schreiben. Ich war wie blockiert. Obwohl ich schon oft im Krankenhaus lag – also Erfahrungen habe –, sind dies die härtesten Tage gewesen. Dabei war ich nicht eigentlich krank. Ich hatte unklare Hautmißempfindungen, und es sollte in der Neurologie abgeklärt werden, woher sie kommen. Also nichts Aufregendes.

Endlose Gänge, kalkweiß, unpersönlich, fast gespenstisch. Wir – mein Taxifahrer und ich – haben uns verlaufen. Wir finden, es sei schlecht beschildert. Vielleicht haben wir auch nicht aufmerksam genug gelesen. Nachdem wir ein paarmal falsch geschickt worden waren, sind wir endlich auf der Station. Am Empfang stehen ein paar Schwestern, unterhalten sich, albern, nehmen uns überhaupt nicht zur Kenntnis. Als ich nach zehn Minuten mich bemerkbar mache, bekomme ich eine unfreundliche Antwort. Für die jungen Schwestern existiere ich in meinem Rollstuhl überhaupt nicht. Eine wendet sich an meinen Taxifahrer, spricht ihn – über meinen Kopf hinweg – als meinen Sohn an. Obwohl er klarstellt, wer er sei, schickt sie ihn wie einen Laufburschen zur Anmeldung. Mich stellt sie erst mal in einer Ecke ab. Dort warte ich volle zwei Stunden, bis ich in mein Zimmer gebracht werde. Ich hatte angenommen, mein Bett sei vielleicht noch nicht frei. Aber meine Vorgängerin war bereits am Tag zuvor abgereist. Mein Bett steht, frisch bezogen, schon den ganzen Vormittag auf dem Flur. Es müßte nur hereingeschoben werden. Ich bitte darum und erkläre, daß ich beim Sitzen große Schmerzen habe und daß ich mich deshalb gerne hinlegen würde. Wortreich wiegelt die Schwester ab, dazu sei jetzt keine Zeit. Ihr Redeschwall erschlägt mich schier. Mehr Zeit hätte sie zum Hereinschieben des Bettes auch nicht gebraucht. Ich sitze weitere drei Stunden. Jedesmal, wenn eine Schwester hereinschaut, frage ich, ob es nicht möglich wäre, daß . . . Dafür sei sie nicht zuständig – dafür sei jetzt keine Zeit –, tausend Ausflüchte. In meiner langjährigen Klinikerfahrung ist mir das noch nie passiert. Mein Termin stand seit Monaten fest. Da war wirklich nicht einzusehen, warum ich mein Bett nicht bekam, selbst wenn ich einbezog, daß die Schwestern sicher viel zu tun hatten. Mir schien es eine Frage der

Organisation. Vielleicht kam hier aber auch heraus, wie der Patient eingeschätzt wird. Ich fühlte mich sehr ohnmächtig, sehr ausgeliefert und sehr allein. Der erste Tag in einer Klinik ist für mich immer schwierig. Wie hilfreich kann da ein freundliches Wort sein, eine warmherzige, einfühlsame Geste. Alles strahlt hier Kälte aus, Routine.

Endlich bekomme ich mein Bett. Es muß ganz ans Fenster geschoben werden, weil ich sonst mit dem Rollstuhl nicht zurechtkomme. Vom Fenster aus hat man einen herrlichen Blick auf Weinberge, auf Hügel, auf frühlingstrunkenes Land. Dieser Ausblick tröstet mich. Ich strecke mich aus, entspanne mich. Ich will es glauben:

»Ich bin zur richtigen Zeit am richtigen Ort.«

Ich will mich nicht beeinflussen lassen von der für mich frustrierenden Aufnahme. Es wird alles gut werden, so hoffe ich.

Am Spätnachmittag holt mich ein Medizinalassistent zur Untersuchung. Er ist unsicher und macht jeden Test doppelt. Nach zwei Stunden bin ich von der Anstrengung total geschafft. Auf Fragen meinerseits gibt er kaum Antwort, flüchtet sich in ärztliches Gehabe. Zum Schluß sagt er mir, daß er am nächsten Tag in Urlaub ginge. Am Abend übergibt er mich an den Stationsarzt. Kurz, flüchtig, ohne Interesse übernimmt dieser mich.

Am nächsten Morgen die üblichen Blutuntersuchungen. Bei der Visite ist der Oberarzt dabei. Ich schildere meine Beschwerden. Darauf er:

»Tja, da werden wir wenig für Sie tun können. Geben wir Valium.«

Das darf doch nicht wahr sein! Ich bin hier, damit endlich festgestellt wird, was ich habe, und nicht, um mit dämpfenden Mitteln alles zuzudecken. So nehme ich all meinen Mut zusammen und spreche dies aus. Der Arzt tut meine Beschwerden sofort als psychosomatisch ab. Mein Hinweis auf Johannes, der ein ausgezeichneter Psychotherapeut ist und der darauf drängte, meine Beschwerden neurologisch abklären zu lassen, wird mit einem mitleidigen Lächeln abgetan. Viel überhebliches Gehabe. Es ist dann von einer Infusion die Rede. Ich sage, wenn sie zum Aufbau sei – also Vitamine usw. enthalte –, wäre ich einverstanden, da ich mich sehr erschöpft fühle. Dies sagt man mir zu.

Ich hänge am Tropf, werde immer müder, schläfriger, kann nicht mehr klar denken. Als ich Besuch bekomme, rede ich nur noch halbe Sätze, breche ab, wiederhole mich, wirke fast verwirrt. Gerhard sagt:

»Die haben dir das Zeug in die Infusion getan.«

Ich will das nicht glauben. Ich hatte doch ausdrücklich darauf hingewiesen, daß ich eine Behandlung mit Valium ablehne. Das können sie doch nicht machen. Das dürfen sie nicht.

Am anderen Morgen frage ich den Arzt, was in der Infusion gewesen sei.

»Megaphen.«

Das gleiche in Grün. Ich frage aufgebracht, worin denn nun der zugesagte Aufbau bestünde.

»In der psychischen Aufhellung.«

Das darf doch nicht wahr sein. Ich erkläre, daß ich in dieser Richtung wirklich nichts bräuchte, und erreiche, daß der Tropf abgesetzt wird.

Bei weiteren Tests läuft einiges schief, so daß auch hier keine klaren Befunde zustande kommen. Ich verlange, den Arzt zu sprechen. Der hat nie Zeit. Nach ein paar Tagen sage ich bei der Visite, daß ich meinen Entlassungstermin haben möchte. Ja, ich müßte noch zum Augenarzt, es sei Verdacht auf eine ausgefallene Krankheit.

Am nächsten Tag holt eine Schwester in der Augenpoliklinik für mich eine Marke. Sie sagt, ich könnte damit rechnen, daß ich gegen neun Uhr drankomme. Ich solle in meinem Zimmer warten, bis ich verständigt würde. Es wird zehn Uhr, um elf Uhr frage ich zum ersten Mal nach, ob ich vergessen worden sei. Aber nein, das dauere eben. Um zwölf Uhr bestehe ich auf einem Anruf in der Poliklinik. Ja, ich solle sofort kommen. Dort weiteres Warten bis um dreizehn Uhr. Der Augenarzt ist offensichtlich gestreßt. Das ist verständlich. Er hat seit vielen Stunden Dienst. Er macht den üblichen Sehtest. Dann sagt er, eigentlich könnte ich die weiteren Untersuchungen auch zu Hause machen lassen. Ich erwidere, daß ich extra seinetwegen hätte länger hierbleiben müssen und daß ich ihn bitten möchte, die Untersuchungen zu Ende zu führen. Zu Hause bräuchte ich das Sanitätsauto, weil ich bei meinem Augenarzt viele Treppen transportiert werden müßte. Vermutlich will er Mittagspause machen. Ich frage, ob er mich nicht am Nachmittag oder am nächsten Vormittag noch drannehmen könnte. Nein, das ginge nicht, er hätte keine Zeit.

Ich habe nur noch den Wunsch, raus aus dieser Klinikfabrik. Wenn ich noch nicht krank bin, hier werde ich es.

So schön mein Fensterplatz ist, die Fenster schließen nicht dicht, ich bin einem ständigen Luftzug ausgesetzt und kann meine Schulter fast nicht mehr bewegen. Ich frage den Arzt, ob er nicht etwas zum Einreiben hätte. Er möchte aber dabei beachten, daß es keine Salbe sein dürfe, die brennt, weil ich dies mit meiner empfindlichen Haut nicht vertrage. Er kommt ein paar Minuten später und reibt mir selbst die Schulter ein. Ich bin von dieser freundlichen Geste ganz gerührt. Fünf Minuten später brennt die Schulter höllisch. Ich kann fast nicht darauf liegen. Der Masseur, der mich eine Stunde später behandeln will, ist hell entsetzt. Die Salbe hat die ganze Haut aufgezogen, die Massage muß ausfallen.

Einziger ›Erfolg‹ dieses mehrtägigen Krankenhausaufenthaltes: ich komme mit einem schlimmen Rheumaschub nach Hause, da ich ständig im Durchzug lag. Einen Befund habe ich nicht. Wenn ich mir überlege, daß ich dafür zehn Tage ein sündhaft teures Klinikbett in Anspruch genommen habe, verstehe ich die Klagen der Krankenkassen. Von Kostendämpfung kann man hier bestimmt nicht reden.

Mit meinen zwei Zimmergenossinnen machte ich gemischte Erfahrungen. Eine ältere Frau hatte ein unstillbares Redebedürfnis. Sie redete und redete und redete. Es war ein Monolog. Ließen wir uns doch einmal herbei, etwas darauf zu erwidern, löste das heftigste Widersprüche aus. Sie dozierte, und wir hatten ihre geduldigen Zuhörer zu sein. Das war oft schwer erträglich, zumal auch die Bitte um eine halbe Stunde Ruhe nichts half. Wir waren froh, daß sie oft zu Untersuchungen geholt wurde. Am meisten genossen wir die Abende. Da ging sie regelmäßig zum Fernsehen. Das achtzehnjährige Mädchen nebenan im Bett schloß sich sehr an mich an. Sie hatte bald herausgefunden, daß ich gut zuhören konnte. So war ich mehr als einmal abends Beichtmutter. Zwar hätte ich gern gelesen – ich hatte so viele Bücher dabei –, aber die Folge der Infusion war, daß ich tagelang nicht lesen konnte. Meine Augen nahmen einfach nichts auf, sie liefen über das Papier, und ich vermochte mich nicht zu konzentrieren. Mich machte das so wütend, daß ich überlegte, ob ich den Arzt nicht wegen Körperverletzung anzeigen sollte.

Schön war, daß ich viel Besuch bekam. Dort erfuhr ich Wärme und Annahme, Mut zum Durchhalten, aber auch zum Widerstand. Ich merkte, daß die Ärzte überhaupt nicht gewohnt waren, daß ein Patient nachfragte, wissen wollte, was mit ihm gemacht wird. Sie wollten auf keinen Fall einen mündigen Patienten und sie verstanden es sehr geschickt, einem das Gefühl zu geben, man störe den Klinikablauf. Man war ein Fall, eine Akte. Man wurde an Maschinen angehängt und hatte zu funktionieren. Für Gefühle und zwischenmenschliche Beziehungen war nirgends Platz. Wen kümmerte es, daß da ein Mensch wirklich seelisch krank werden konnte? Daß dabei eine Depression fast vorprogrammiert war? Sie schafften krankmachende Voraussetzungen, um dann beweisen zu können, daß der Patient seelisch labil sei. Eine Mühle, der man nicht entrinnen konnte, ein Teufelskreis.

Weil ich denken kann, überlegte ich mir auch, was das Klinikpersonal in diesem seelenlosen Betrieb empfinden würde. Ich begrüßte die Schwestern am Morgen mit einem Lächeln. Ich fragte sie, wie es ihnen ginge. Mißtrauischer Blick, unfreundliche Reaktion. Vielleicht befürchteten sie, ich wollte sie damit bestechen und günstigere Bedingungen für mich erreichen. Nach drei Tagen redete ich nur noch, wenn ich gefragt wurde. Erfreulich waren die jungen Schwesternhelferinnen. Sie waren noch nicht abgestumpft, hatten sich noch nicht bis zur Selbstaufgabe angepaßt. Ihnen merkte man noch Gefühle an. Sie sagten mir, wie sie unter diesem seelenlosen, unpersönlichen Dienst litten. Wie sie manchen Abend meinten, es nicht mehr ertragen zu können und wie gut es ihnen täte, wenn ein Patient sie anspreche und sie freundlich behandle. Sie würden gerne manchmal ein wenig länger bleiben. Aber von der Stationsschwester dürften sie sich da nicht erwischen lassen. Es hieße sofort, dazu seien sie nicht da, dazu sei keine Zeit. Ich ermutigte die jungen Leute, so offen zu bleiben, wie sie jetzt noch seien. Dort wo es menschlich zuginge, gäbe es zufriedene Patienten. Das würde ihnen manche Arbeit und manches Medikament ersparen. Ich sagte auch, daß ich viele Krankenhäuser kennte und daß ich es so wie hier noch nie erlebt hätte. Sie sollten den Spaß an ihrer Arbeit nicht verlieren und sie seien mit ihrem Verhalten auf dem richtigen Weg. Manchmal schaute eine von den jungen Leuten nach Feierabend noch vorbei, um gute Nacht zu sagen, ein paar Worte zu tauschen, einen freundlichen Blick zu schenken.

Am Tag meiner Entlassung kam ganz früh am Morgen eine junge Schwester und sagte:

»Ich hatte jetzt ein paar Tage Nachtdienst, deshalb haben Sie mich nicht mehr gesehen. Aber ich wollte mich verabschieden von Ihnen und Ihnen danken, weil Sie mich angelacht haben.«

Ich war ganz verwirrt. Wie verhungert müssen diese Schwestern sein, wenn sie Tage später einem noch danken für ein Lächeln, ein freundliches Wort, für eine wärmende Geste.

Natürlich frage ich mich, ob dies nur an dem seelenlosen Klinikbetrieb liegt oder ob nicht auch wir Patienten viel zu all den Abwehrhaltungen beitragen. Sind wir so anspruchsvoll geworden, daß wir meinen, eine Krankenschwester sei nur für uns da, müsse uns bedienen? Braucht sie ihr distanziertes Verhalten als Schutz, um nicht aufgefressen zu werden?

Ich erinnere mich an eine Tagung, wo Ärzte und Krankenschwestern von ihren Schwierigkeiten sprachen. Ich war als Gasthörerin zugelassen. Natürlich konnte ich nicht vermeiden, daß ich mich in der Rolle des Patienten fühlte. Nach vielen Stunden schweigenden Zuhörens meldete ich mich zu Wort. Ich sagte, daß bei diesen Gesprächen der dritte Partner fehle, nämlich der Patient. Mein Einwand wurde ärgerlich abgetan. Sie konnten nicht sehen, daß sie den ihnen anvertrauten Patienten weithin als Gegner geschildert hatten, den man in den Griff bekommen mußte. Sie wußten, was der Patient fühlte, brauchte, wollte, wie er einem zu schaffen machte und wie man ihn dahin bringen konnte, sich zu fügen, einzupassen. Sie begriffen nicht, wie wichtig es in ihrem eigenen Interesse wäre, miteinander zu reden, auf die Beschwernisse und Probleme gegenseitig zu hören, sich auszutauschen und gemeinsam über hilfreiche Veränderungen nachzudenken.

Das ist gestern eine lange Epistel geworden und ich mochte nicht mehr zu Ende schreiben. Es gäbe noch vieles anzumerken zu den unmenschlichen Klinikfabriken. Zunächst einmal aber muß ich selbst Abstand davon gewinnen. Ich will nur noch eine erstaunliche Erfahrung festhalten, die mich sehr nachdenklich gemacht hat.

Eine junge Ärztin im Anerkennungsjahr kam immer wieder einmal an mein Bett, obwohl sie für mich nicht zuständig war. Ich konnte sie manches fragen und sie gab mir bereitwillig Auskunft. Besonders erfreulich empfand ich, daß sie nicht mit Fachausdrücken um sich warf. Sie gab sich Mühe, komplizierte Vorgänge allgemeinverständlich zu erklären. Ich habe ihr auch einmal gesagt, wie wohltuend das für einen Patienten sei.

Am Tag vor meiner Entlassung fragte sie bei der Visite: »Wie heißt Ihr Buch? Umarmen möcht ich dich? Habe ich mir das richtig gemerkt?«

Dabei sah sie mich offen und warmherzig an, so daß ich spontan sagte:

»Sie haben das so lieb gefragt, daß ich Sie am liebsten zum Abschied umarmen möchte.«

Ein kurzes Zögern auf beiden Seiten, dann nahmen wir uns vor all den steif herumstehenden Ärzten in die Arme.

»Das war jetzt sehr schön für mich«, sagte sie. »Wissen Sie, heute ist mein letzter Tag in dieser Klinik. Morgen fahre ich in die Schweiz.«

Als ich ein wenig verschämt und unsicher zu den Ärzten hinschaute, traute ich meinen Augen kaum. Die waren ganz bewegt. Einer wischte verstohlen eine Träne ab, und für einen Moment war nichts mehr zu spüren von der kalten, unpersönlichen Klinikatmosphäre. Sie verabschiedeten sich von mir, als wäre ich ihr liebster Patient gewesen. Für einen Augenblick hatten sie ihre Masken abgelegt, Menschen wurden sichtbar mit Gefühlen und Bedürfnissen.

Die Titelsuche für mein neues Buch frißt mir schier den Schlaf weg. Was immer mir einfällt, verwerfe ich wieder, erprobe von neuem den Klang, den Rhythmus und finde, daß er nicht aussagekräftig genug ist, nicht rund genug, nicht werbewirksam genug. Dabei muß ich mich in diesen Tagen endgültig entscheiden. Ich weiß zwar, daß der Titel mit »Leben« zu tun haben soll. Aber er entzieht sich mir. Er ist einfach nicht greifbar, nicht griffig. Ich habe einen Freund gebeten, mit mir zu suchen. Von ihm stammen die Titel »Hergott, schaff die Treppen ab« und »Umarmen möcht ich dich«. Er hat mir eine lange Liste an Vorschlägen geschrieben, aber keiner ist so, daß ich spontan sagen würde: »Den nehme ich.«

Ich habe Alpträume. Was mache ich, wenn ich keinen geeigneten Titel finde? Wenn das Buch in Druck gehen soll, und ich habe keinen Namen, der zu ihm paßt?

Vielleicht ist es mit der Fantasie wie auch sonst im Leben: sie läßt sich nicht zwingen. Im Gegenteil. Unter Druck entzieht sie sich, verweigert ihre Bilder. Vielleicht sollte ich dieses krampfhafte Suchen aufgeben und darauf vertrauen, daß mir der Titel im richtigen Moment einfällt. Ein-fällt . . .

Es ist schwierig, gelassen eine Arbeit wegzulegen, wenn sie fertig werden müßte. Ich muß es trotzdem akzeptieren: Kreativität läßt sich nicht erzwingen.

Einige meiner Leser haben mir geschrieben, wie wichtig für sie das Thema »Ich muß nicht immer stark sein« gewesen sei. Ich habe doch mehr Literatur gefunden, als ich dachte, und mir machte die Zusammenstellung dieses Rundbriefes viel Freude. Ich merkte, daß ich mit meinen Überlegungen und Gedankengängen nicht allein war. Das war hilfreich für mich.

Nun ist aber heute ein Brief gekommen, an dem ich doch sehr herumdenke. Eine Sonderschullehrerin schreibt:

»Soll ich wirklich, wenn meine Freunde zu mir kommen, um mit mir zu feiern, um mit mir zu reden – wenn sie den Weg von sich zu mir zurückgelegt haben –, soll ich dann wirklich an meine schmerzenden Hände, an mein Kopfweh, an meinen Rücken denken? Soll ich ihnen nicht doch entgegengehen mit meinem offenen Herzen? Mit meinem Sinn, der bereit ist, ihre Nöte und Freuden aufzunehmen, zu teilen? Soll ich als Mauer *meine* Not zwischen uns stellen? Kann ich bei einem Gespräch, einem wirklichen Gespräch denn an meine Hände, meinen Rücken, meinen Kopf denken? Der andere sucht doch mich, nicht meinen Rücken und meine Hände. Mich brauchen sie, mich wollen sie und ich kann mich ihnen nur zuwenden, wenn ich mich von mir selber abwende . . .«

Weil mir diese Gedankengänge so vertraut sind, deshalb machen sie mir zu schaffen. Das habe ich ja ein Leben lang zu praktizieren versucht: ›Wichtig ist immer der andere.‹ Es hat lange gedauert, bis ich gesehen habe, daß in der Bibel nicht steht: »Du sollst deinen Nächsten lieben *mehr* als dich selbst«, sondern »wie dich selbst«. Ich habe mich mit dieser jahrelangen falschen Interpretation total überfordert. Ich bin darüber so zu kurz gekommen, daß ich am Verhungern war. Zum Glück ist mir, gerade noch rechtzeitig, Johannes begegnet, der mir zeigte, daß ich ein Recht habe, auch an mich zu denken, an meine Gefühle und Bedürfnisse. Warum soll ich an meinem Geburtstag meinen Freunden nicht eingestehen dürfen:

»Im Moment bin ich mit einer Fete überfordert. Es geht mir dazu nicht gut genug.«?

Ich will der Frau schreiben, daß zu mir auch mein Rücken, meine Schmerzen und Belastungen gehören. Daß ich viele Jahre den Blödsinn gemacht habe, so zu tun, als sei ich ein geistiges Wesen, ohne die Beschwernisse des Körpers. Ich meine heute, daß in einer Freundschaft beides Platz haben muß: die Zuwendung zum anderen, aber auch dessen Zuwendung zu mir. Warum soll ich nicht auf eine Frage nach meinem Ergehen ehrlich antworten dürfen:

»Es geht mir nicht gut.«

All das möchte ich der Frau schreiben. Ich muß nur aufpassen, daß es keine Rechtfertigung wird, keine Verteidigungsrede und schon gar nicht ein Angriff. Ich möchte nur weitergeben, daß ich angefangen habe, anders zu denken, Gewichte anders zu setzen. Und daß ich meine, das sei – auch für einen Christen – legitim. Ehrlicherweise muß ich zugeben, daß ich mich durch den Brief sofort wieder in Frage stellen ließ. Daß die übermächtigen Schuldgefühle sprungbereit auf der Lauer lagen. Aber ich habe jetzt die Texte meines Rundbriefes noch einmal hervorgeholt. Da lese ich zum Beispiel:

»Man hat immer wieder gesagt, es sei das Kennzeichen des Menschen, daß er aufrecht stehen, daß er frei gehen und sein Haupt erheben könne. Aber manchmal ist es menschlicher, zu sitzen und zu zagen . . . Es gibt Zeiten in unserem Leben, in denen es wichtiger ist, geduldig zu sein als tüchtig, besser, Schmerzen gewachsen zu sein als zu arbeiten, nötiger, sich in andere zu fügen, als zu befehlen, die Einsamkeit einer Nacht auszuhalten, als am Tage mitzureden. Und eben diese Zeiten, die uns so fremd geworden sind, sind es, in denen sich zeigt, wer wir in Wahrheit sind. Vielleicht verstehen wir darum auch die Engel nicht mehr. Denn an den Engeln ist nicht wichtig, was sie tun, sondern was sie sind. Und wir sind ihnen um so näher, je weniger unser Wesen von dem bestimmt wird, was wir tun, und je mehr von dem, was wir von Gott empfangen. Aber das Empfangen fordert Stille und Zucht.«

Dies schreibt Jörg Zink in seinem Buch »Die Mitte der Nacht ist der Anfang des Tages« und ich finde es sehr tröstlich.

27. Juni

Die Wildtaube ruft. Ringsum ist Vogelgezwitscher, die Rosen atmen ihren Duft in den schwülen Sommertag. In meiner Bodenvase steht ein Strauß mit Rittersporn, und ich spüre, daß ich diese frühsommerlichen Tage mag. Mir ist, als würde sich mir eine Zeit erschließen, die sich mir viele Jahre entzogen hat. Früher empfand ich den Sommer als eintönig. Mir fehlte jeder Zugang zu diesen gleichmäßig hellen Tagen. Wurde ich nach meiner Lieblingsjahreszeit gefragt, nannte ich den Herbst, manchmal auch den Frühling, niemals aber den Sommer oder gar den Winter.

Jetzt aber bin ich angerührt von des Sommers mannigfachen Farben, von seinem Flammen in den bunten Bauerngärten, von dem Hauch von Gold, der über reifenden Ährenfeldern liegt. Ich spüre seine Süße in dem Neigen einer Sonnenblume, und manchmal sitze ich ganz still ins Schauen versunken. Mir ist dann, als wäre der ganze Kosmos in einer Blüte eingefangen. Irgend etwas mir Fremdes rührt mich an, zieht behutsam einen Schleier zurück und ich ahne etwas von einer Welt, die uns nur selten zugänglich ist. Das Fremde verwandelt sich, wird vertraut, und mir ist, als wäre ich angekommen, endlich angekommen. Meine Reisesehnsucht scheint gestillt und es ist, als würde ich zu Hause das finden, was ich viele Jahre vergeblich im Unterwegssein gesucht habe.

Wie unvollkommen Worte sind, wird mir heute besonders bewußt. Ich muß es zulassen, daß manches unsagbar bleibt. Ja, daß es sich entzieht, wenn man es mit Worten festhalten möchte.

Ich entdecke den Sommer, und das ist schön!

Ich bin stolz auf mich. Ich habe mich durch auftretende Schwierigkeiten nicht davon abhalten lassen, meinen Plan zu verwirklichen, in Nürnberg mal wieder ein Konzert zu besuchen. Ich wußte einfach, daß es an der Zeit war, wieder einmal etwas für mich zu tun. Ich habe mir ein Taxi genommen und genoß die Autofahrt durch die abendliche Sommerlandschaft. Ich war wie verzaubert von dem Licht, das auf den Fluren lag. Mir war ganz festlich zumute, so als hätte ich unverhofft einen Urlaubstag geschenkt bekommen, einen, der nur mir allein gehörte.

Aber wie das so ist, wenn man sich sehr glücklich fühlt, da sind dann manchmal kleine Teufelchen am Werk, die alles daransetzen, damit man sehr schnell wieder ernüchtert wird.

Wir waren zeitig weggefahren. Ich hatte Zeit eingeplant, um vor Beginn des Konzerts im Foyer noch ein wenig auf und ab promenieren zu können. Ich liebe diese festliche Einstimmung und freute mich darauf, unter Menschen zu sein, Blickkontakte aufnehmen zu können, ein Lächeln weiterzugeben oder zu erhaschen.

Mein Fahrer wollte nicht die Autobahn fahren, er zog die Bundesstraße vor. Dort war viel Verkehr, wir kamen nur langsam vorwärts. In Nürnberg gab es viele Umleitungen. Plötzlich hatten wir uns so verfranzt, daß der Taxifahrer völlig die Orientierung verlor. Anstatt sich ruhig zu informieren, wurde er nervös, fuhr in irgendeine Richtung, kehrte um, überfuhr beinahe eine Ampel bei Rot. Vollbremsung. Und das alles wenige Minuten vor Beginn des Konzerts. Mir war vor Aufregung ganz schlecht. Ich sah mich schon vor verschlossenen Türen. Das war mir vor Jahren schon einmal in München passiert, daß ich zu einem Konzert nicht mehr eingelassen wurde. Daß mir auch ausgerechnet jetzt diese scheußliche Erinnerung einfallen mußte! Heulen hätte ich können.

Endlich hatten wir die Richtung wieder und wir erreichten kurz vor Beginn des Konzerts die Meistersingerhalle. Hektik, Rollstuhl aus dem Kofferraum, fix umsteigen, im Eilschritt in den Konzertsaal. Alles Dinge, die ich nicht ausstehen kann. Ich bin ein Mensch, der sich nicht hetzen kann. Für den ein Tag ›gelaufen‹ ist, wenn er sich bereits am Morgen beeilen muß. Dabei bin ich ganz bestimmt kein langsamer Mensch, aber ich muß eines nach dem anderen in dem mir gemäßen Rhythmus machen können.

Aufatmend, aber ziemlich gestreßt, nahm ich meinen Platz ein. Ich brauchte eine ganze Weile, bis ich so ruhig war, daß ich die Musik in mich aufnehmen konnte. Es war das Requiem von Brahms. Die Konfrontation mit dem Tod – an solch einem strahlenden Sommertag – tat fast körperlich weh. Für mich war das Werk eine Entdeckung. Ich kannte nur einzelne Chöre daraus. Mehr und mehr zog es mich in seinen Bann. Mir fielen Menschen ein, von denen ich Abschied genommen hatte.

»Tod, wo ist dein Stachel?«

Unvergeßlich dieser Sieg über den Tod. Aber es rieb sich dabei vieles in der Musik. Mir war, als käme da nicht nur die Überwindung des Todes zum Ausdruck, sondern auch die ganze menschliche Ohnmacht und Wut gegen diesen mächtigen Herrscher. Der Sieg war herber, der Trost verhaltener als bei Händel oder Bach.

Ich bin sehr froh, daß ich dieses Konzert besucht habe. Sicher wird mich dieses Erlebnis noch eine Weile begleiten. Dankbar denke ich:

›Das Leben meint es gut mit mir.‹

Nach langem Sträuben habe ich eingesehen, daß ich so nicht weitermachen kann. Ich fühle mich so erschöpft, daß ich nicht mehr weiß, wie es weitergehen soll. So habe ich schweren Herzens einem erneuten Krankenhausaufenthalt zugestimmt. Ich habe darauf bestanden, daß ich wieder in die Klinik für ernährungsabhängige Krankheiten am Bodensee komme, in der ich vor zwei Jahren schon einmal war. Dort ist garantiert, daß ich auch als Kassenpatient ein Einzelzimmer haben werde. Die Atmosphäre des Hauses ist gut. Die zahlreichen Behandlungen werden gewissenhaft durchgeführt. Man kann sich – soweit dies in einem Krankenhaus möglich ist – wohlfühlen.

Vor zwei Jahren habe ich dort wichtige Fastenerfahrungen gemacht. Ich hatte mir viele Bücher mitgenommen, um während des Fastens neue geistige Erkenntnisse zu gewinnen. Ich hatte davon gehört, daß das Fasten eine Zeit geistiger Erleuchtung werden könnte und die wollte ich natürlich nicht verpassen. Man sagte, daß Fastenzeiten häufig Zeiten besonderer Aktivität wären. Ich stellte mich ganz darauf ein. Aber es kam alles ganz anders. Ich fühlte mich so erschöpft, daß ich kaum noch lesen konnte. Meine Augen wehrten sich einfach, Buchstaben aufzunehmen. Meine Ohren verspürten keine Freude mehr an Musik. Ich vermied es, fernzusehen. Abends blieb ich in meinem Zimmer. Ich suchte keine Kontakte. Konnte ich ein Gespräch nicht umgehen, antwortete ich einsilbig. Ich zog mich immer mehr in mich zurück. Ich fastete nicht nur vom Essen, sondern auch vom Reden, vom Lesen, vom Musikhören. Ich konnte stundenlang an meiner Balkontüre sitzen, auf den See in der Ferne schauen und die farbenprächtigen Sonnenuntergänge auf mich wirken lassen. Ich wurde immer leerer. Das erschreckte mich zunächst, weil ich mich wie tot fühlte. Mir war klar, daß meine Erschöpfung nicht mit meinem Fasten zusammenhing. Ich hatte in den zurückliegenden Jahren sehr über meine Kräfte gelebt. Ich war stolz darauf, daß ich fast immer stärker als die Umstände gewesen war. Meinem Körper hatte ich viel abgefordert, zu viel, wie sich jetzt herausstellte. Er gebärdete sich wie ein störrischer Esel, der sich weigerte, sich weiter antreiben zu lassen. Jetzt räumte ich ihm das Recht ein, müde sein zu dürfen. Ich gab ohne Widerstreben seinen Bedürfnissen nach, seinem Wunsch nach Ruhe, nach Entspannen. Ich ließ meinen Tag von ihm beherrschen, überließ mich ihm, horchte auf ihn. Und auch die Übungen, die mir verordnet waren, kamen diesem Bedürfnis entgegen. Nicht Leistung war gefordert, sondern nachgeben, loslassen, in den Schmerz hineinatmen.

Nach und nach veränderte sich das Gefühl, wie tot zu sein. Ich fühlte mich wie ein Stückchen Erde, das warm unter einer dicken Schneedecke ruht. Scheinbar geschah nichts, und doch spürte ich, daß darunter neues Leben keimte. Ich mußte dies nur geduldig geschehen lassen.

Geschehen lassen . . . nichts mehr selber tun . . .

Dies ist für mich eine sehr wichtige Erfahrung gewesen, die ich nicht missen möchte.

Aber ich will nicht in den Fehler verfallen, meinen erneuten Klinikaufenthalt jetzt schon mit Erwartungen vorzuprogrammieren. Vielleicht wird er ganz anders sein als das letzte Mal. Vor allem werde ich dieses Mal nicht fasten. Ich möchte lernen, ernährungsbewußt zu essen.

Wie lange wohl die Wartezeit sein wird, bis ich einen Aufnahmetermin bekomme?

In letzter Zeit träume ich immer wieder einmal von einem Kind, das geboren wird. Zwar bin ich nicht die Mutter, trotzdem macht es mich nachdenklich. Man sagt, alle Figuren in einem Traum sind Anteile von uns. Was drängt da in mir nach Leben, nach Geborenwerden, nach Neuanfang und Veränderung?

Manchmal bin ich richtig neugierig, was das Leben noch alles für mich bereit hat. Ich freue mich, daß es einen gibt, der mein Leben plant und der möchte, daß es mir gut geht, daß ich Fülle habe und nicht mehr im Mangel leben muß. Ich weiß, daß er mich nicht verplant. Ich weiß auch, daß er aufpaßt, daß ich mir nicht Kopf und Kragen breche auf meinen oft sehr eigenwilligen Wegen. Er zwingt mich nicht und läßt mir alle Freiheit. Manchmal ist es für mich, als gäbe es ihn gar nicht mehr. Aber unvermutet begegne ich ihm dann wieder in irgendeiner Kurve meines Lebens und ich erkenne überrascht, daß er mich unbemerkt begleitet hat; daß er acht auf mich hatte und daß er mich mitten in der Gefahr behütet hat.

Mir fällt eben eine Geschichte ein: Spuren im Sand. Man sieht zwei Paar Fußabdrücke. Plötzlich ist nur noch eines zu sehen. Der Mensch sagt vorwurfsvoll zu Gott:

»Dort, wo es am schwersten für mich war, da hast du mich alleingelassen.«

Aber Gott antwortet: »Dort, wo du nur eine Spur siehst, da habe ich dich getragen.«

Manchmal sehe ich – im Nachhinein –, daß ich in einer schwierigen Situation nicht allein war. Daß da einer Weichen gestellt hat, wie ich es selbst nie vermocht hätte. Und das macht mich unendlich dankbar.

Zwei Stunden sind schon vergangen, seit Rosmarie wieder weggefahren ist. Aber ich bringe das Gespräch mit ihr nicht los. Ich habe versucht, mich zu beschäftigen, wichtige Arbeiten in Angriff zu nehmen, aber ich kann mich nicht konzentrieren. Zu viele eigene Anteile wurden bei dieser Begegnung berührt, verdrängte Ängste geweckt, und ich muß aufpassen, daß ich nicht ins Grübeln verfalle. Vielleicht hilft mir das Schreiben. Ich will es probieren.

Rosmarie ist wie ich Rollstuhlfahrerin. Sie ist eine tatkräftige, lebensbejahende Frau. Sie jammert nicht über Dinge, die sie nicht ändern kann, und sie hat gelernt, im Leben ihren Mann zu stehen, ohne viele Worte darüber zu verlieren. Sie lacht gern und hat viel Humor. Den hat sie auch nicht verloren, als ihr Mann vor Jahren starb. Sie hat eine Weile getrauert und hat dann ihr Leben wieder in die Hand genommen. Sie hat manches geändert, damit sie selbständig bleiben konnte.

Sie hat mich angerufen und gefragt, ob sie einmal kommen dürfe. Sie müßte einfach mit jemandem reden. Sie wisse nicht mehr ein und aus. Es war das erste Mal, daß sie zugab, Schwierigkeiten zu haben, und ich wußte, wenn sie um Hilfe bat, dann mußte das schwerwiegende Gründe haben.

Sie lachte, als sie kam und überspielte geschickt ihre Verlegenheit.

»Weißt du, vermutlich spinne ich im Moment ein wenig«, sagte sie burschikos. »Du wirst mir schon den Kopf zurechtrücken.«

Ich sagte, bei mir müsse sie nicht lachen und die starke Frau spielen, die alles im Griff habe. Ich wünschte mir, daß sie ihre wirklichen Gefühle zulassen könnte. Sie solle mir einfach erzählen, was vorgefallen sei und was sie dabei empfinde.

Sie sah mich unsicher an, machte einen Scherz und kokettierte noch ein wenig mit ihrer Fähigkeit, mit allem fertig zu werden. Ich verstand, daß sie Zeit brauchte und daß es für sie nicht leicht war zugeben zu müssen, daß sie nicht weiter wußte. Ich sprach das aus. Plötzlich hatte sie Tränen in den Augen:

»Ich hätte nie gedacht, daß ich so verletzbar bin.«

Was war geschehen?

Es ging ihr schon seit längerer Zeit gesundheitlich nicht gut. Die täglichen Verrichtungen fielen ihr von Mal zu Mal schwerer. Selbständig wie sie war, versuchte sie manches zu zwingen und lebte immer öfter über ihre Kräfte. Immer deutlicher erkannte sie, daß sie eigentlich nicht mehr allein leben konnte; daß sie im Haus jemanden brauchte, der erreichbar war. Nun war ihrem Sohn die Wohnung gekündigt worden, und sie hatte gehofft, er würde mit seiner Familie in ihr Haus ziehen. Sie würden dort eine abgeschlossene Wohnung haben. Dies würde gewährleisten, daß sie nicht zu nahe beieinander wohnen würden, daß aber Hilfe erreichbar sei, wenn sie sie brauche.

Ihr Sohn hatte ihr immer versichert, er würde nicht zulassen, daß sie in ein Pflegeheim müßte. Es wäre ganz selbstverständlich, daß er dann da sei. Nun sei er gekommen und hätte erzählt, daß der Schwiegervater ihm geraten habe, er solle sie um Geld bitten, damit sie sich ein Haus bauen könnten.

Sie machte den Vorschlag, in ihr Haus zu ziehen. Er wollte es mit seiner Frau besprechen. Er sei nicht unverschämt gewesen und hätte verstanden, daß auch sie an ihre Zukunft denken müsse. Ein paar Tage später sei die Schwiegertochter zu ihr gekommen. Sie steuerte sehr direkt auf ihre Wünsche zu. Sie möchte bauen und dazu bräuchten sie Geld. Als Rosmarie sagte, sie denke nicht daran, dies zu unterstützen, konterte die junge Frau eiskalt:

»Wofür willst du denn noch sparen?«

Sie habe versucht, der Schwiegertochter zu erklären, wenn sie von familiärer Seite keine Hilfe bekomme, daß sie dann das Geld für ein Pflegeheim bräuchte. Ob sie sich denn gar nicht vorstellen könnte, daß sie die ihnen angebotene Wohnung nehmen würden?

»Wenn ich da hineinziehe, muß erst einmal alles abgerissen werden. Ich habe da andere Vorstellungen.«

Die junge Frau hatte nur ihre Pläne im Kopf. Der Abschluß des Gespräches war, daß sie fauchte:

»Dann gibst du also lieber einem Pflegeheim das Geld als deinem Sohn.«

Sie verstand überhaupt nicht, daß dies gar keine Alternative war. Wohl um ihr Ziel zu erreichen, hatte sie vorher noch angeboten, wenn sie jetzt bauen könnten, dann könne die Schwiegermutter, wenn sie einmal bettlägrig sei, ja zu ihnen kommen. Daß sie schon jetzt Hilfe brauchte, nahm die Schwiegertochter gar nicht zur

Kenntnis. Auch begriff sie nicht, daß man als Rollstuhlfahrer nicht ohne weiteres eine Wohnung tauschen kann.

Aber viel mehr tat Rosmarie weh, mit welcher Selbstverständlichkeit die Schwiegertochter ihr so mühsam erspartes Geld beanspruchte. Sie hatte freilich selbst einen großen Fehler gemacht. In all den Jahren hatte sie die jungen Leute finanziell sehr großzügig unterstützt, während sie an sich selbst sparte. Sie dachte oft: ›Das ist für mich noch gut genug‹, und freute sich, wenn sie für ihren Sohn wieder etwas erübrigen konnte. Mehr und mehr mußte sie freilich erkennen, daß es nicht der Sohn war, den sie damit unterstützte, sondern daß sie damit der Schwiegertochter ermöglichte, großzügiger zu leben. Die hatte nie ein Dankeschön dafür. Im Gegenteil, es schien selbstverständlich geworden zu sein. Manchmal kränkte sie das und sie hielt den Sohn etwas knapper. Aber diese Zurückhaltung hielt nie lange an. Sie hatte, was sie zum Leben brauchte, und warum sollte sie die jungen Leute nicht unterstützen? Sie registrierte gar nicht, daß sie sich einen teueren Kuraufenthalt versagte, weil sie ihn selbst hätte bezahlen müssen. Daß sie im Urlaub an sich sparte, weil das oder jenes nicht unbedingt nötig war. Sie gönnte sich kaum etwas.

Es kränkte sie, daß die Schwiegertochter nie fragte, ob sie ihr irgendeine Arbeit abnehmen könne; daß es nie eine Anerkennung oder gar eine Gegenleistung gab für ihre großzügigen Geschenke. Und wenn, dann mußte es entsprechend gewürdigt werden. Einmal hätten sie ihr mit Fleurop einen Blumenstrauß ins Krankenhaus geschickt. Sie habe bei einem kurzen Telefongespräch vergessen, sich zu bedanken. Die Schwiegertochter habe einen unglaublichen Zirkus deswegen veranstaltet. Ihr Sohn mußte sie anrufen, und es wurde ein sehr unerquickliches Gespräch. Sie entschuldigte sich in einem Brief an die Schwiegertochter, aber sie sprach auch aus, was sie in all den Jahren empfunden hatte, nie ein Echo auf ihre Geschenke zu bekommen. Sie meinte, sie sollten offener miteinander umgehen, sie müßten sich besser kennenlernen. Sie würde sich freuen, wenn die Schwiegertochter manchmal vorbeikäme. Sie selbst könne wegen der Treppen ja nicht zu ihnen kommen. Aber es änderte sich nichts. Verbittert sagte sie:

»Ich komme mir vor wie eine Gans, die nur interessant ist, solange man sie ausnehmen kann. Wie kommt dieses junge Ding dazu zu sagen: ›Wofür willst du denn noch sparen?‹ Es ist immer noch mein Geld. Und wenn ich alles auf den Putz haue – ja, wenn ich das nur könnte! –, dann geht es auch niemand etwas an. Mir ist, als würde man mir die Lebensberechtigung absprechen. Als hätte ich nur noch dafür zu sorgen, daß meine Nachkommen sorgenfrei leben können. Wie ich zurechtkomme, danach fragt kein Mensch.«

Es griff mir ans Herz, wie sie so dasaß: klein, verspannt, sehr einsam, krampfhaft um Haltung bemüht. Sie konnte noch immer nicht ihren ganzen Schmerz zulassen. Ich verstand, daß da auch die Enttäuschung über den Sohn mitschwang. Sie nahm ihn in Schutz. Sie sagte, daß er nicht handeln könne, wie er wolle. Immerhin seien die beiden verheiratet, und er gehöre zu seiner Frau, und sie wolle sich da auch nicht dazwischendrängen. Aber sie habe so Angst vor einem Pflegeheim und sie habe immer gehofft, daß ihr das erspart bleiben würde. Tränen liefen ihr übers Gesicht:

»Ich will da nicht hin. Die jungen Leute könnten einen großen Teil meines Geldes verbrauchen, während ich das Pflegeheim bei den heutigen Sätzen nicht finanzieren kann. Ich sagte meinem Sohn, daß ich seiner Frau die Arbeit, die sie für mich tut, bezahlen würde. Darüber war er ganz entsetzt: ›Aber Mutter‹, sagte er, ›dafür mußt du doch nichts bezahlen. Wir haben dann ja auch einmal das Haus.‹«

Nach kurzem Schweigen: »Das Haus . . . ja, das Haus, von dem ich möchte, daß es im Familienbesitz bleibt. Mein Mann und ich haben ein Leben lang dafür gespart. Wir mußten uns so abrackern, daß wir uns viele Jahre keinen Urlaub leisten konnten. Ich gönnte mir nicht einmal eine Tafel Schokolade. Und da sagt diese Frau: ›Da muß erst alles weggerissen werden.‹ Weggerissen . . . Sie führt sich auf, als wenn ihr Mann Generaldirektor wäre. Ich erinnere mich, als die beiden noch verlobt waren, da sagte sie einmal: ›Was ich will, das muß ich haben!‹«

Wieder schwieg sie, schaute verloren vor sich hin.

»In diesem Haus steckt ein großer Teil meines Lebens. Das kann man nicht einfach wegreißen, dem Boden gleichmachen, so als wäre es nie etwas gewesen. Dazu hat es zuviel gekostet.«

Sie schluckte.

»Ich verstehe ja, daß die jungen Leute heutzutage andere Vorstellungen von Wohnen haben. Wenn sie sich das erarbeiten, soll mir das auch recht sein. Über einen Umbau hätten wir reden können. Das habe ich auch gesagt. Aber wegreißen ... wegreißen ...«

Ich frage mich, ob ein junger Mensch nachvollziehen kann, wie kränkend das ist. Einer, der nie auf etwas verzichten mußte. Der gewohnt ist, daß er bekommt, was er vom Leben haben will. Freilich auf Kosten eines anderen Menschen, darauf vertrauend, daß der andere sich seinen Ansprüchen und Forderungen nicht entzieht.

Inzwischen hat sich der Sohn für eine Mietwohnung entschieden. Er sagt, im Moment hätte es keinen Sinn, zur Mutter zu ziehen. Seine Frau und die Mutter müßten sich erst besser kennenlernen. Die Mietwohnung liegt im zweiten Stock. Der Sohn schaut sich regelmäßig nach der Mutter um, er versucht ihr zu vermitteln, daß er da ist, wenn sie ihn braucht. Aber Rosmarie ist zu nüchtern, um sich einer Illusion hinzugeben. Sie weiß, daß sie weiterhin ihr Geschick allein in die Hand nehmen muß. Von der Zugehfrau über die Sozialstation bis hin zur Anstellung eines Zivildienstleistenden durchdachten wir alle Möglichkeiten. Rein äußerlich ist die Situation sicher in den Griff zu bekommen. Wenn nichts Unvorhergesehenes eintritt, kann sie die Überlegungen, in ein Pflegeheim zu müssen, noch aufschieben. Kummer macht ihr, daß, obwohl sie eine gute Rente hat, diese für ein Pflegeheim nicht ausreichen wird. Wenn sie ein Pflegefall wird, muß sie ihr Haus veräußern. Der Erlös dafür wird bald aufgebraucht sein, dann wird sie Sozialhilfeempfängerin. Der Gedanke an solch einen sozialen Abstieg ist beklemmend.

»Wenn man nicht mehr kann, sollte man sich umbringen«, sagte sie. »Wenn man für alle Leute nur noch eine Last ist, sollte man gehen.«

Ich kenne solche Gedankengänge auch. Trotzdem widersprach ich. Wir redeten eine Weile darüber, wie beschwerlich das Älterwerden mit einer Behinderung ist. Vermutlich kann sich ein Nichtbehinderter nicht vorstellen, wie mühsam bereits das tägliche Sichanziehen werden kann. Wieviel Kraft die Morgentoilette kostet und wie hilfreich ein paar Handgriffe sein könnten.

Als Rosmarie ging, schaute sie mich aufmerksam an:

»Du wirst das für dich behalten. Ich möchte nicht, daß man im Bekanntenkreis redet. Ich will nicht, daß auf meine Schwiegertochter ein schlechtes Licht fällt. Immerhin ist sie die Frau meines Sohnes.«

»Ach, Rosmarie», sagte ich.»Deine Maske sitzt schon wieder. Du bist schon wieder die Frau, die alles im Griff hat. Laß es zu, daß dir das weh tut, daß du im Grunde dreinschlagen möchtest. Du bist so verletzt, daß du schreien möchtest. Diese Gefühle sind normal. Verdränge sie nicht. Nur so kannst du sie überwinden, ohne verbittert zu werden.«

»Meinst du?« Sie lächelte unter Tränen, winkte noch einmal und rollte dann zu ihrem Auto, ohne sich noch einmal umzudrehen.

Ja, nun habe ich all das niedergeschrieben. Leichter ist mir dabei allerdings nicht geworden. Unsere Situationen sind sich in vielen Dingen ähnlich, und ich spüre, was es heißt, ganz allein zu sein.

Gewiß ist nicht zu unterschätzen, daß Rosmarie einige Dinge nicht mehr allein tun kann, daß sie ein paar Handgriffe als Hilfestellung braucht. Aber ich habe noch etwas anderes hinter ihrem Schmerz gehört. Sie hätte gern wieder eine Familie. Einen Ort, wo sie dazugehört. Menschen, die ihr Heimat sind und die sie vielleicht auch ein wenig brauchen. Menschen, die sie meinen und nicht ihr Geld, nicht ihren Besitz. Sie spürt, daß man Liebe nicht kaufen kann, auch durch noch so viele Geschenke nicht. Sie ist eine Schwiegermutter, noch dazu eine behinderte, und das ist für beide Seiten eine schwierige Situation.

Mir fallen all die schlauen Sprüche ein:

»Alt und jung gehören nicht zusammen.«

»Wieso geht die Alte nicht in ein Pflegeheim? Sie kann doch den jungen Leuten ihr Leben nicht versauen.«

»Es ist doch nicht mehr wie recht und billig, daß sie, die offensichtlich gut situiert ist, den Sohn unterstützt. Die Alte braucht doch nicht mehr viel zum Leben.«

Sie ist mit dieser Situation ja nicht allein. Ich erinnere mich an Bekannte, wo in ähnlicher Lage diese Sätze gefallen sind. Keiner war auf der Seite der alten Frau. Keiner sah, daß sie ein Leben lang für ihre Kinder Opfer gebracht hatte und daß es nun an den Kindern wäre, davon etwas zurückzuzahlen. Sie war nur Last, Belastung. Eine, die nicht schnell genug starb. Die die jungen Leute hindern würde, etwas vom Leben zu haben. Die geizig auf ihrem Geld hockte. Ich erinnere mich, daß ich damals sehr heftig reagiert habe:

»Ihr wollt nur ihr Geld. Aber was aus der Mutter wird, das interessiert euch keinen Pfifferling.«

Ich muß jetzt festhalten, daß ich auch andere Leute kenne, die vorbildlich für die alte Mutter oder den hinfälligen Vater sorgen. Sie haben sie ganz selbstverständlich in ihren Haushalt aufgenommen. Einer hat mir gesagt, was für ein Segen das für die ganze Familie sei. Natürlich weiß ich, daß das Zusammenleben zwischen Alt und Jung nicht immer unproblematisch ist. Manche Konflikte sind vorprogrammiert. Aber ich brauche jetzt einfach das Gefühl, daß es nicht überall so lieblos und berechnend zugeht. Ich muß harmonisieren, weil so viele Ängste in mir hochkommen vor dem eigenen Lebensabend, vor dem Abgeschobenwerden. Dabei weiß ich, daß auch ich einmal ganz allein sein werde.

An Rosmaries Situation wird mir klar, daß es gut ist, sich keinen Illusionen hinzugeben. Auch ich habe ein paar Lieblingsgedanken, wie ich mir meinen Lebensabend wünsche. Aber ich sehe immer nüchterner, wie töricht es ist, darauf zu vertrauen, daß sie sich erfüllen werden. Liebe ist nicht einklagbar. Erwartungen programmieren Enttäuschungen vor. Es ist nötig, seine Situation so realistisch wie irgend möglich einzuschätzen, in die Rechnung keine Unbekannten einzusetzen und sich nicht in Abhängigkeiten zu begeben.

Vom Kopf her weiß ich, wie man seine Zukunft nicht planen soll. Aber ich kann meine Gefühle nicht ausschalten.

Ich kann jetzt nicht weiterschreiben. Ich habe starke Herzschmerzen. Es geht mir ans Herz . . .

Ja, es tut weh!

So schön es ist, Briefe zu bekommen, so belastend ist es meines Rückens wegen, viele Stunden an der Schreibmaschine zu sitzen, um sie zu beantworten. Dabei schreibe ich nicht ungern Briefe. Es ist für mich keine mühevolle Arbeit, unter der ich stöhne, sondern ich bin meist mit dem Empfänger in ganz lebendigem Kontakt. Ich stelle mir seine augenblickliche Situation vor. Ich versuche nachzuempfinden, was er mir anvertraut, höre auf die Zwischentöne in seinen Zeilen und freue mich über die Verbindungen hin und her. Es gibt nur wenige Zuschriften, die mich ärgerlich werden lassen. Ich kann Kritik vertragen – meistens wenigstens, vor allem dann, wenn sie sachlich vorgebracht wird. Ich habe mir abgewöhnt, in Briefen zu diskutieren, meine Ansichten durchsetzen zu wollen, recht zu behalten. Diskussionen machen meist ein Gespräch unmöglich, betonen das Trennende.

Bei meinen Autorenlesungen war mir immer ein Anliegen, daß ich mit meinen Hörern in ein Gespräch kam und daß es keine Diskussion wurde. Das schloß nicht aus, daß sehr gegensätzliche Meinungen geäußert wurden und daß ich manches wirklich nicht nachvollziehen konnte. Mir war wichtig, daß all das gleichberechtigt nebeneinander stehenbleiben konnte. Ich bin sehr tolerant geworden. Manchmal frage ich mich, ob das nicht charakterlos sei. Sieht es doch oft so aus, als würde ich überhaupt keinen Standpunkt mehr beziehen. Ich habe verlernt zu sagen:

»Das ist so und nicht anders!«

Dabei erinnere ich mich, daß ich als junger Mensch sehr engagiert meine Ansichten vertreten habe. Diskutieren machte mir enorm Spaß. Je heißer wir uns die Köpfe redeten, desto schöner war es. Ziel meiner Diskussionen war meist, den scheinbaren Gegner zu besiegen, recht zu behalten. Denn natürlich war meine Ansicht die allein richtige. Heute muß ich lächeln über diese Jugendtorheit. Ich bin dankbar, daß mich das Leben davor bewahrt hat, ein rechthaberischer Mensch zu werden. Ich habe durch sehr leidvolle Erfahrungen begriffen, wie viele Seiten und Gesichter eine Situation haben kann. Wie sehr es auf den Blickwinkel ankommt und wie selten einem gelingt, die ganze Wahrheit zu erfassen. Fast immer sind es nur Teilaspekte. Ich bin in meinen Aussagen sehr vorsichtig geworden. Oft formuliere ich so:

»Ich meine, daß das so und so ist . . .«
»Ich sehe das so . . .«
»Bei mir kommt das so an . . .«
»Auf mich wirkt das so und so . . .«

Solch eine Ausdrucksweise schließt immer mit ein, daß ich mich täuschen kann, daß ich etwas falsch sehe, unrichtig beurteile. Es läßt dem anderen die Möglichkeit, seine Ansicht dagegenzustellen. Ich habe ihn nicht festgelegt. Er braucht sich nicht zu verteidigen. Ich weiß von mir, wie aggressiv es mich macht, wenn jemand behauptet:

»Du *bist* so und so . . .«

Das erschwert es mir sehr, einsichtig zu reagieren. Denn zunächst empfinde ich nur den Angriff in solch einer Aussage. Das provoziert automatisch meine Verteidigung. Eine Auseinandersetzung ist da fast schon vorprogrammiert und setzt meine Hörbereitschaft stark herab.

Ja, so geht das mit dem Schreiben manchmal. Es fängt ganz harmlos an, und unversehens verselbständigen sich die Gedanken.

Eigentlich möchte ich jetzt noch einiges über faires Streiten niederschreiben. Doch dazu fehlt mir im Moment die Zeit. Ich muß etliches im Haushalt tun, auch wenn ich wenig Lust dazu verspüre.

Jetzt steht der Titel meines neuen Buches fest:

»Ich bring dir einen Arm voll Leben.«

Ich habe ihn tagelang immer wieder erprobt, hinterfragt. Ich habe die Geschichten nochmals abgeklopft auf diesen Titel hin und ich bin immer gewisser geworden, daß ich mit diesen »Geschichten gegen die Angst und gegen den Tod« die Fülle meines Lebens in Händen halte. Davon einen Arm voll weiterzuschenken, war mir ein echtes Bedürfnis.

Johannes feierte in diesen Tagen seinen sechzigsten Geburtstag. Er hatte mich zu diesem Fest eingeladen. Aber ich konnte nicht kommen. Da habe ich mich hingesetzt und ihm ein Gedicht geschrieben. Es beginnt:

»Ich bring dir einen Arm voll Rosen,
taufrisch und rot von sommerlicher Wärme . . .«

Ich habe in diesen Versen nachgedacht über sein Leben. Mir war, als würde ich ein Faß voll Leben vorfinden, randvoll bis obenhin. Ich habe etwas gespürt von dieser Fülle, von diesem Reichtum und von dem Geschenk, daß andere davon trinken dürfen. Daß für alle genug da ist und daß dieses Faß im Daraustrinken nicht leerer wird, sondern aus unerschöpflichen Quellen immer wieder sich füllt. Und dabei ist mir dann der Gedanke an den Titel meines neuen Buches gekommen:

»Ich bring dir einen Arm voll Leben.«

Eben hat Johannes angerufen. Er fragte, ob er in einer Stunde mit seinem jüngsten Sohn zum Kaffeetrinken vorbeikommen dürfe.

Ich bin ganz aufgeregt. Seit vier Jahren ist dieser Besuch geplant. Johannes ist noch nie hiergewesen und er kennt mein kleines Reich nur vom Erzählen. Wird es ihm gefallen? Kritisch schweift mein Blick durch die Wohnung. Da ist so vieles, was mir lieb ist. Kleinigkeiten, an denen beglückende Erinnerungen hängen. Jedes Ding hat seine ihm eigene Geschichte. Manchmal spricht mich ein Besucher auf irgendeinen Gegenstand an und findet, daß er kitschig sei, daß zu vieles herumstehe und nur Staubfänger sei. Das mag ja objektiv stimmen, trotzdem hängt mein Herz daran. Für mich steht dahinter das Gesicht eines Menschen, der mich erfreuen wollte.

Aber nun überlege ich doch, ob ich das eine oder andere nicht wegnehmen sollte. Ich weiß, daß der kleine Engel, den mir eine italienische Studentin geschenkt hat, kitschig ist. Ich hätte ihn mir nie in die Wohnung gestellt, wäre er nicht in einer besonderen Situation zu mir gekommen.

Ich schüttle den Wunsch ab, einiges in meiner Wohnung zu verändern, etwas vorzutäuschen, was ich nicht bin. Mein Blick wandert nochmals an all den Bücherregalen entlang mit den vielen kleinen Nippessachen, und ich beschließe, daß nichts, aber auch gar nichts weggenommen wird.

Ich bin ein wenig unruhig. Johannes war mein Therapeut. Danach sind wir uns ein paarmal auf Tagungen begegnet. Er hat mich immer wieder einmal angerufen. Wir sind Freunde geworden. Trotzdem war unsere Begegnung noch nie so privat, wie sie heute sein wird.

Da sitze ich und schreibe und schreibe. Ich merke, daß ich mich unbändig auf diese Begegnung freue und daß ich gleichzeitig voller Angst bin. Als wenn ich zu Hause eine andere wäre als irgendwo unterwegs.

Ich merke, daß mich die Rolle als Gastgeberin verunsichert. Denn dabei kann ich meine Behinderung nicht überspielen. Da bin ich auf Hilfe angewiesen. Und wer zeigt schon gerne seine Mängel?

Ich wäre keine Frau, wenn ich jetzt nicht überlegen würde, was ich anziehe. So beende ich für heute diese unfruchtbare Schreiberei und werde einmal meinen Kleiderschrank inspizieren. Ich bin ziemlich sicher, daß ich zu dem Ergebnis kommen werde, ich hätte nichts anzuziehen.

O heiliger Bimbam, was bin ich heute doch blöd!

Ich will mir jetzt bewußt machen, daß ich Luise bin, ganz gleich, wie ich aussehe. Daß Johannes nicht meine Wohnung besucht und nicht meinen Kleiderschrank, sondern mich. Hat Johannes mich nicht gelehrt, daß ich liebenswert bin? Einmal hat er mir gesagt, ich sei ein Geschenk. Na bitte. Reicht das nicht für eine Begegnung?

Mich beschwingt der Gedanke, daß Johannes und sein Sohn mir mit jeder Sekunde näher kommen. Wie lange wird es wohl noch dauern, bis sie da sind?

O Schreck, da kommen sie schon, und ich bin noch nicht umgezogen. Jetzt kann ich nur noch darauf vertrauen, daß ich – so wie ich bin – liebenswert bin . . .

Noch ganz unter dem frischen Eindruck unserer Begegnung will ich den Nachmittag noch einmal nacherleben.

Ich mußte lächeln, als ich merkte, daß auch Johannes bei der Begrüßung eine leichte Unsicherheit überspielen mußte. Fast verlegen war er, als er mir einen hübschen Achatanhänger schenkte:

»Statt Blumen. Das hält ein wenig länger.«

Ich habe mir diesen Stein jetzt noch einmal genau angeschaut. Er hat ein paar gelbe Einschlüsse, und ich mußte unwillkürlich an die Goldplättchen denken, von denen Johannes in seiner Klinik immer wieder einmal erzählt. Vielleicht hat er beim Auswählen daran gedacht. Ich habe mir vor Jahren, als ich in seiner Klinik war, ein Büchlein angelegt, in dem ich Goldplättchen sammle. Zunächst erschienen sie mir winzig, kaum wahrnehmbar in dem Abraum meines Lebens. Aber nach und nach wurde mein Blick geschärft für die kleinen Freuden des Alltags, für das Geschenk eines Augenblicks, für ein Lächeln, ein gutes Wort, eine Begegnung. Was ist da im Lauf der Jahre alles zusammengekommen. Manchmal, in Zeiten der Entmutigung, nehme ich das Büchlein zur Hand und lese darin. Es ist ein kleines Vermögen geworden, das mir keiner mehr nehmen kann. Goldplättchen – wie schön, daß dieser Stein mich daran erinnert. René ist ein warmherziger fünfzehnjähriger Junge. In der ersten Stunde war er sehr schweigsam. Ich fühlte mich kritisch beobachtet und ich war ein wenig bange, ob ich seinem Urteil standhalten würde. Johannes und ich lachten viel, alberten, diskutierten, und ich war mit ihm nicht immer einer Meinung. Plötzlich sagte René:

»Ich mag die Menschen, die nicht alles für gut finden, was mein Vater sagt.«

Ein amüsierter Blick zwischen Johannes und mir. Mein Herz tat ein paar schnelle Schläge. René hatte mich akzeptiert. Das beglückte mich sehr. Endlich wurde es eine Unterhaltung zu dritt. René hätte gern in unserer kleinen Stadt übernachtet. Aber Johannes wollte weiter. Er wollte seinem Sohn seine Heimatstadt zeigen, und ein längerer Aufenthalt paßte nicht in seine Pläne.

»Aber ich möchte morgen mit Luise im Hotel Eisenhut Kaffee trinken«, sagte René sehr bestimmt. Überlegungen hin und her und schließlich der Entschluß, heute weiterzufahren und morgen im

Lauf des Nachmittags nochmals zurückzukommen. Ich hätte René umarmen mögen, so sehr beschenkte mich sein Wunsch. Der Vater fügte sich und freute sich offensichtlich, daß sein Sohn sich so wohl bei mir fühlte.

Ich bin über den Verlauf des Nachmittags sehr dankbar und ich muß über mich selber lachen, wie töricht ich diesem Besuch entgegengebangt hatte. Keiner mußte sich anders geben, als er war. Wir waren offen und voller Zuwendung füreinander und frei von unerfüllbaren Bedürfnissen.

René und Johannes hatten gemeinsam den Kaffeetisch gedeckt, hatten ihn auch ganz selbstverständlich wieder abgeräumt und erboten sich sogar, noch den Abwasch zu machen. Und ich hatte Sorge wegen meiner Behinderung. So dumm ist man manches Mal.

Es ist fünfzehn Uhr. Eben sind Johannes und René weggefahren. In meinem Zimmer steht ein herrlicher Blumenstrauß, rote Rosenknospen und weiße Nelken. Ich fühle mich sehr beschenkt. Denn mehr als Worte sagen mir diese Blumen.

Mit dem Kaffeetrinken im Eisenhut wurde es nichts. Die beiden kamen gestern erst gegen achtzehn Uhr. So beschlossen wir, zum Abendessen in das vornehme Hotel zu gehen. Ich war noch nie dort und freute mich darauf.

Zuvor fuhr Johannes noch in sein Quartier. Ich hatte vorsorglich Zimmer besorgt, falls sie doch hier übernachten wollten. Sie wollten. Wir hätten dies auf dem Weg zum Abendessen erledigen können. Aber wahrscheinlich wollte Johannes mich mit René allein lassen. Denn als er mich von unterwegs anrief, hatte ich den Wunsch geäußert, einiges mit ihm allein besprechen zu dürfen. Ich schlug vor, René solle am Abend die Hans-Sachs-Spiele besuchen. Gleichzeitig hatte ich mich erboten, René selbst zu bitten, mir seinen Vater für eine Stunde zu überlassen. Aber ich brachte es nicht fertig, René zu fragen. Ich dachte, wie oft hat er wohl schon auf seinen Vater verzichten müssen, weil irgend jemand den weitbekannten Arzt sprechen wollte. Wie oft war er wohl wütend geworden, daß immer erst die anderen kamen, wichtiger waren, vorgingen. Sicher war es eine Seltenheit, daß sein Vater Zeit für ihn hatte, mit ihm unterwegs war. René genoß offensichtlich das Zusammensein mit mir, er langweilte sich nicht, drängte nicht weiter. Er war es, der noch einmal hatte kommen wollen. So sehenswert die Hans-Sachs-Spiele waren, würde er meinen Vorschlag nicht doch als Abgeschobenwerden empfinden? Dieses Risiko wollte ich nicht eingehen. Mir war Renés Zuneigung zu wichtig, als daß ich sie leichtfertig aufs Spiel setzen wollte. Ich wußte plötzlich, daß ich ein Zusammensein mit Johannes ohne René nicht hätte genießen können. Als ich für mich diese Entscheidung getroffen hatte, fühlte ich mich sehr erleichtert. Ich war offen für einen unbeschwerten Abend, für ein festliches Essen, für das Zusammensein mit Freunden. Es war gut so, wie es war, und das war schön. Wir ließen uns Zeit, genossen die Atmosphäre des Hotels, und als wir gegen einundzwanzig Uhr aufbrachen, waren wir beschwingt und heiter.

Ich äußerte den Wunsch, noch einen kleinen Bummel in den Burggarten zu machen. René ging sehr sorgsam mit dem Rollstuhl um, wich jeder Unebenheit aus. Es war eine Freude zu erleben, wie sensibel er erspürte, daß mir Erschütterungen nicht gut taten.

Wir kamen an meinem Geburtshaus vorbei, einem stolzen Patrizierhaus mit einem alten Hof und einem Ziehbrunnen. In mir wurden so viele Kindheitserinnerungen wach. Mir war plötzlich, als wäre überall Kinderlachen, als hörte ich die alten, ausgetretenen Stufen knarren. Wir lachten viel auf diesem Weg, alberten so vor uns hin und ich nahm dankbar wahr, daß Johannes so gelöst und entspannt wirkte, wie ich ihn nur selten erlebt hatte.

»In der Straße, wo Luise geboren ist und der Eisenhut liegt...«, sagte René. Darauf Johannes scherzend:

»Künftig wird es nur noch heißen, wenn jemand nach dem Eisenhut fragt, der liegt in der Straße, wo Luise geboren ist. Und der andere wird antworten: ›Ach ja, das weiß ich, wo Luise geboren ist...‹«

So hatten wir viel Spaß miteinander. Als wir ins Auto stiegen, erbot ich mich, ihnen vom Auto aus noch das nächtliche Städtlein zu zeigen. Es wirkte zauberhaft in seinem verträumten Schlaf, angestrahlt von Schweinwerfern, seine ganze verhaltene Schönheit offenbarend.

René brach in immer neue Begeisterungsrufe aus. Er hatte einen guten Blick für Gassen und Winkel. Angespornt durch diese jugendliche Freude fielen mir immer weitere, sehr verborgene Schönheiten ein. Ich hatte sie seit Jahren nicht mehr gesehen, manches hatte sich verändert.

Wir konnten uns alle drei nicht dem Zauber dieser Nacht entziehen.

An meiner Haustüre umarmte mich René fest und herzlich, und ich dachte, um wieviel Beglückung hätte ich mich gebracht, wenn ich meinem Wunsch nachgegeben hätte, mit Johannes allein zu sein.

Am anderen Morgen kamen sie dann mit diesem herrlichen Blumenstrauß. Als René mich begrüßte, sagte Johannes mit vor Bewegung rauher Stimme:

»Ich glaube, ihr beide würdet euch sehr gut verstehen.«

Wie tat das seinem Vaterherzen gut. Und ich dachte:

»Vielleicht sind die Blumen sein Dank dafür, daß ich René so aufgenommen habe. Daß ich um seinetwillen auf eine Stunde mit ihm allein verzichtet habe. Vielleicht . . .«

Ich weiß es nicht. Ich will darüber auch gar nicht weiter nachdenken. Es war rundum gut, so wie es war. Und das ist sehr beglückend.

Am Abend hatten die beiden mir gesagt, sie wollten am nächsten Morgen noch kurz vorbeikommen. Ich wollte ihnen noch einen besonders schönen Blick auf die ganze Stadt zeigen. Dies würde höchstens zwanzig Minuten dauern, aber dann sind vier Stunden daraus geworden. Sie entdeckten die Schönheit des Taubertals. Johannes begann zu fotografieren. Er genoß, nicht von Termin zu Termin hetzen zu müssen, Zeit zu haben. Er nahm sie sich einfach, diese vorher schon verplante Zeit. Das tat ihm gut. Ich merkte es. Wann konnte er schon so zeit-los leben?

Ich habe eine Bekannte, vor deren Besuch ich mich fast immer ein wenig fürchte. Ich erlebe kaum einmal, daß sie nicht irgend etwas an mir auszusetzen hat. Daß sie nicht kritisch durch meine Wohnung geht, hier etwas beanstandet, da eine lieblose Bemerkung macht.

Heute war sie wieder da. Ich habe eine ganze Weile ihr selbstgefälliges Gehabe ertragen und mich geärgert, daß ich mich nicht wehrte, als sie mir lehrerinnenhaft auseinandersetzte, wie sie sich in einer bestimmten Situation verhalten hätte. »*Ich*« – sie sagte sehr energisch betont »Ich« – »hätte das und das geantwortet. Die hätten bei mir gemerkt, daß ich mir das nicht bieten lasse.« Ich schluckte, fühlte mich klein, lebensuntüchtig. In den Augen meiner Bekannten gab es kaum einmal etwas, was ich jemals richtig gemacht hatte. Freilich nicht nur ich, sondern auch ihre Freunde und Kollegen. Irgend etwas Negatives wußte sie immer zu berichten. Gleichzeitig gab sie sich als die Überlegene. Sie wußte in jeder Situation, was richtig war. Keiner konnte sie hereinlegen. Keiner war tüchtiger als sie und deshalb machte sie auch immer nur schlechte Erfahrungen mit den Menschen. Sie fühlte sich ihnen haushoch überlegen. Stets hatte nur sie die richtige Lebenseinstellung. Andere waren dumm, borniert, ohne guten Geschmack.

Ich merkte, wie nach und nach in mir eine ziemliche Wut hochstieg. Als sie hochnäsig fragte:

»Wer hat dir denn dieses kitschige Ding geschenkt?«, war es mit meiner Selbstbeherrschung vorbei. Mein Blick ruhte für eine Sekunde noch auf ihrem spitz ausgestreckten Zeigefinger. Ich zitterte ein wenig. Aber ich sagte fest:

»Sicher jemand, der mehr Liebe zu mir hat als du. Mag sein, daß er keinen so guten Geschmack hat wie du. Ganz sicher aber hat er etwas, was dir abgeht: Herzensbildung.«

Die Bekannte schnappte nach Luft. Sie sah mich irritiert an. Offensichtlich verstand sie die Welt nicht mehr. Aus mir brach all das heraus, was sich in Monaten angestaut hatte. Ich sprach davon, wie ich mich vor ihrem Besuch fürchte, weil sie an allem lieblos herumkritisiere. Wenn sie ginge, würde ich mich jedesmal klein und lebensuntüchtig fühlen. Ich hatte keine Lust mehr, mir ihre zersetzenden Kritteleien anzuhören. Es sei meine Wohnnung und in der könne ich so viel Kitsch aufstellen, wie ich wolle. Ich würde auch keinen Wert darauf legen ihre Meinung dazu zu erfahren.

Sie versuchte, sich zu rechtfertigen. Wortgewandt wie sie war, fiel ihr das nicht schwer. Sie wolle doch nur, daß ich im Leben besser zurecht käme, daß keiner über meine Wohnung lächle. Ich könnte mich draußen doch so wenig orientieren und sei deshalb auf ihre Hinweise angewiesen. Sie meine es doch nur gut. Aber ich blieb fest. Ich sagte, ich fühlte mich nicht lebensuntüchtig. Sicher würde ich manchesmal Fehler machen und sicher bräuchte ich auch Kritik. Aber nicht so lieblos, nicht so von oben herab, wie sie das täte.

Darüber müsse sie nachdenken, sagte sie. Das hätte ihr noch keiner gesagt.

Dieses Eingeständnis hatte ich nicht erwartet. Es machte mich weich und stimmte mich versöhnlich.

»Weißt du, ich möchte dir anders begegnen, als wir das bisher taten. Ich hätte ja deine Besuche abwimmeln können, indem ich vorgeschützt hätte, keine Zeit zu haben. Aber mir liegt daran, daß wir ehrlich miteinander umgehen. Und deshalb mußte ich all das heute einmal sagen.«

Sie hatte einen hochroten Kopf. Plötzlich standen Tränen in ihren Augen:

»Ich habe in letzter Zeit viele Freunde verloren. Vielleicht zogen sie sich zurück, weil ich immer alles so genau wußte. Keiner hat mich zur Rede gestellt. Danke, daß du es getan hast.«

»Komm wieder«, sagte ich, als sie sich verabschiedete, und mir war befreit ums Herz.

»Ein gutes Wort
ist wie drei Monate Wärme.
Ein böses Wort
verletzt wie sechs Monate Frost.«
(Sprichwort aus der Mongolei)

Ich habe jetzt stundenlang Briefe beantwortet und bin auf manche Kümmernisse und manche Freuden eingegangen. Ich bin immer wieder angerührt, was mir aufgrund meines Buches alles anvertraut wird. Gestern kamen zwei Briefe von mir unbekannten Frauen, der eine zehn Seiten lang, der andere acht Seiten. Ich bin dankbar, was »Umarmen möcht ich dich« alles auslöst. Ich bin auch gerne für die Menschen da, die Hilfe und Rat suchen. Aber ich erschrecke auch vor all den Erwartungen, die da an mich herangetragen werden und die ich so nicht erfüllen kann. Mir tut weh, daß ich sicher manchen Briefschreiber enttäuschen muß. Daß ich manchen Hoffnungen und Sehnsüchten einfach nicht gerecht werden kann, auch wenn ich das möchte. Ich merke, daß ich aufpassen muß, selbst nicht zu kurz zu kommen. Immer öfter fühle ich mich nach dem stundenlangen Briefebeantworten ausgelaugt.

Wo ist meine Tankstelle?

Darüber habe ich jetzt eine Weile nachgedacht. Dabei ist etwas ganz anderes herausgekommen, als ich erwartet habe.

Als ich heute morgen mit dem Sanitätsauto zum Augenarzt fahren wollte, brachte mir der Postbote einen dicken Brief. Der Absender war die kirchliche Behörde, mit der ich so viele Schwierigkeiten habe. Ich hatte gerade noch so viel Zeit, den Umschlag zu öffnen und den ersten Satz zu lesen. Die Frau schrieb, sie wolle mich erfreuen mit einem Büchlein über eine Maus und einem Nickitüchlein. Mir wurde ganz warm ums Herz.

Als ich beim Augenarzt längere Zeit mit geschlossenen Augen sitzen mußte, war ich in ganz lebendigem Gespräch mit dieser Frau. Ich sagte ihr, wie erleichtert ich sei und wie dankbar für ihren versöhnlichen Gruß. Ich dachte, wie schnell sich manchmal Sachzwänge aufbauen und das menschliche Miteinander zerstören. Wie hilfreich war es da, wenn einer zu einer warmherzigen Geste zurückfand, sein Herz sprechen ließ über alle Mißverständnisse hinweg. All das wollte ich ihr schreiben. Mich beschwingte diese Vorstellung.

Um so betroffener war ich beim Nachhausekommen, als ich merkte, daß ich mich getäuscht hatte. Eine Frau aus einer ganz anderen Stadt hatte einen alten Umschlag dieser Behörde benützt und übersehen, deren Absender durchzustreichen. Für einen Moment war mir, als sei plötzlich ein Licht verlöscht, als würde ich unvermittelt im Dunkeln stehen. Die Enttäuschung, die nach mir griff, war wie beißende Kälte. Traurig dachte ich:

›Es wäre schön gewesen, wenn solch ein Wunder passiert wäre.‹ Aber irgendwann kam mir der Gedanke:

›Was hindert mich daran, diesen ersten Schritt zu tun? Diesen scheinbaren Zufall Anstoß sein zu lassen zu einem versöhnlichen Brief!‹

Obwohl ich heute schon genug Briefe getippt habe, will ich diesen Vorsatz gleich ausführen.

»Ein gutes Wort ist wie drei Monate Wärme.«

Darauf will ich vertrauen und die »sechs Monate Frost« beenden.

Heute hat mich eine mir unbekannte Frau angerufen. Sie sagte, sie hätte einen Brief von mir, der ihr nicht gehöre. Selbstverständlich hätte sie ihn geöffnet und gelesen. Sie hätte sich sehr darüber gefreut. Was sie damit nun machen solle. Sie hätte ihn jetzt fast vierzehn Tage liegenlassen.

Es ist der Brief an die kirchliche Mitarbeiterin. Ich hatte mich schon gewundert, daß sie nicht reagiert hatte. Die unbekannte Frau bestätigte mir, daß der Brief richtig adressiert sei und eigentlich nicht bei ihr hätte landen dürfen. Aber es käme öfter vor, daß ihr Postbote Briefe falsch zustelle.

Ich bitte sie, den Brief an die Adressatin zu schicken, und wundere mich, daß sie dies nicht längst getan hat. Andererseits war ich froh, daß sie mich angerufen hat. Ich hätte der kirchlichen Mitarbeiterin nie geglaubt, daß sie ausgerechnet meinen versöhnlichen Brief nicht erhalten hatte.

Merkwürdig ist das schon.

Erst täusche ich mich beim Empfang eines freundlichen Briefes, weil die Schreiberin einen falschen Absender nicht durchgestrichen hatte. Dann überwinde ich mich zu diesem versöhnlichen Brief, und der wird – obwohl richtig adressiert – falsch zugestellt.

Welche Zufälle sind da am Werk? Welche Kräfte, positive wie negative, von denen ich keine Ahnung habe? Darüber rätsle ich im Moment. Habe ich doch in meinem Leben immer wieder einmal erfahren, daß nichts von ungefähr geschieht, daß es keine Zufälle gibt, höchstens Zu-fälle, etwas, was mir zu-fällt...

19. September

Ich bin wieder in »meiner« Klinik am Bodensee. Aber ich verspüre keine Lust, jetzt darüber zu schreiben. Ich werde in den kommenden Wochen von meinen Tagebuchaufzeichnungen fasten. Ja, fasten . . .

Heute kam ein Anruf von Ingo, der mich recht bewegt. Er hat sich zu einem Flug nach Mallorca angemeldet, und das, obwohl ihm seine Ärzte abrieten. Ich hörte es mit gemischten Gefühlen, weil mir voller Angst all die Unwägbarkeiten einer solchen Reise einfielen. Darf man bei einer schweren Erkrankung – Krebs im Endstadium – dies noch wagen?

Nachdem mein erster Schreck vorbei war, überfiel mich eine große Freude. Muß man nicht manchmal etwas Verrücktes tun, um zu spüren, daß man noch am Leben ist? War dieser Hunger nach Leben nicht legitim? Wer wollte sich da ein Urteil anmaßen und von Lebensgier reden? Ingo hatte mir erzählt, man habe ihm das vorgeworfen, und er könne nicht leugnen, daß sein Entschluß ein verzweifeltes Aufbäumen gegen den Tod sei. Er brauche das einfach. Vielleicht könne er dann leichter fortgehen, wenn er noch einmal die ganze Fülle des Lebens erfahren habe. Ich merkte, daß ich wieder Angst bekam, es könnte ihm schaden. Aber dann dachte ich:

›Vielleicht verkürzt er sein Leben dadurch um ein paar Wochen. Na und! Er hat es wenigstens dann noch einmal genossen.‹

Ich habe lange darüber nachgedacht, ob wir nicht oft einem Mitmenschen sein Lebensgefühl beschneiden, indem wir es, ach, so gut mit ihm meinen. Was wissen wir schon davon, was einem Menschen schadet oder nützt?

»Ingo, genieße das Leben – dein Leben –, wir haben kein Recht dich zu beraten.«

Das habe ich ihm zum Abschluß unseres Gesprächs gesagt.

Ich merke, daß in mir sehr widerstreitende Gefühle sind und daß ich dabei mein eigenes Leben nicht aus dem Spiel lassen kann. Ehrlicherweise muß ich mir eingestehen, daß ich mir meist nur wenig Freiheit gestatte; daß allzuoft die Vernunft entscheidet und daß ich nur selten abenteuerliches Leben wage. Dabei wäre dies für meine Liebesgeschichte mit dem Leben unerläßlich.

Wochenlang habe ich mein Tagebuch ungeöffnet liegenlassen. In mir war kein Bedürfnis, Erlebtes festzuhalten, niederzuschreiben. Ich hatte genug zu tun, mit meinem vierwöchigen Klinikaufenthalt fertig zu werden, mit all den widerstreitenden Gefühlen, die mich – auch unter besten Voraussetzungen – doch immer irgendwann einholten und überfielen.

Obwohl ich wußte, daß ich in eine gutgeführte Klinik kommen würde, in ein Haus mit freundlicher Atmosphäre und persönlicher Begrüßung, obwohl ich all das wußte, kam ich doch nicht an gegen ein Gefühl der Einsamkeit, ja fast Verlassenheit, als ich zu Hause in das Taxi stieg. In solchen Augenblicken macht mir einfach zu schaffen, daß ich keine Familie habe, daß keiner da ist, der mich begleitet. Keiner, der mir die Anstrengungen des Kofferein- und -auspackens abnimmt, zumindest kein vertrauter Mensch. Denn selbstverständlich erbot sich nach meiner Ankunft eine Schwester, mir behilflich zu sein.

Was mir in solchen Augenblicken fehlt, ist die Nähe eines geliebten Menschen, eines Verwandten, der ohne viele Worte weiß, was ich fühle und vermisse beim Ankommen in einer Klinik. Zwar will ich mir diese Gefühle meist nicht eingestehen. Ich rüge mich, ich hätte zuviel Selbstmitleid. Aber wenn ich ehrlich bin, dann muß ich einfach zugeben, daß mir hier etwas Wesentliches fehlt, von dem ich meine, es könnte einen Klinikaufenthalt erleichtern.

Mein Zimmer war geräumig, hell, modern eingerichtet, hatte keine Krankenhausatmosphäre. Ein bequemer Sessel und eine hübsche Stehlampe verbreiteten fast so etwas wie Gemütlichkeit. Das Personal war freundlich und aufmerksam. Der Chefarzt gab sich viel Mühe, die für mich richtige Behandlung und das geeignete Essen zu finden. Kurzum, ich konnte mich wohl fühlen.

Ab und zu nahm mich jemand mit an den nahegelegenen Bodensee, der unter der sommerlichen Sonne glitzerte und funkelte. Wären nicht die anstrengenden Anwendungen gewesen, ich hätte der Illusion erliegen können, in einem gutgeführten Hotel einen Urlaub zu verbringen. Ich las viel, schrieb Briefe, knüpfte einen Wandbehang für eine gelähmte Freundin und saß zufrieden an meiner Balkontüre, wenn sich keine Möglichkeit zu einem Spaziergang ergab.

Zu den Mitpatienten hatte ich guten Kontakt. Ich achtete aber darauf, daß er nicht zu intensiv wurde. Ich war gern für mich, hing meinen Gedanken nach und freute mich, daß ich so gelassen in den Tag hinein leben konnte. Ich merkte, daß ich anfing zu entspannen, loszulassen, mich bewußter zu spüren und daß die verschiedenen Übungen mir gut taten.

Mein Entlassungstermin stand fest. In vier Tagen würde ich abreisen.

Von einer Minute zur anderen konnte ich mich nicht mehr in meinen Rollstuhl schwingen, lag völlig bewegungsunfähig im Bett und hatte schier unerträgliche Schmerzen. Verdacht auf einen Hexenschuß. Spritzen. Zwei Tage keine Möglichkeit, aus dem Bett zu kommen. Dann mühsame Versuche, schweißgebadet. Es ging wieder, freilich unter scheußlichen Schmerzen. So fuhr ich nach Hause, rief meinen Arzt an, weitere Spritzen. Kaum Besserung.

Ich geriet fast in Panik, sah mich bereits in einem Pflegeheim. Ich wußte, wenn ich mich nicht mehr allein in meinen Rollstuhl schwingen konnte und ohne fremde Hilfe keine Toilette mehr benutzen konnte, würde ich nicht mehr allein in meiner Wohnung bleiben können. Ich dachte viele Möglichkeiten durch, überlegte dies und jenes, verwarf es wieder und erspürte schmerzlich, wie allein ich wirklich war, zumal ich auch niemandem zur Last fallen wollte.

In Nürnberg kannte ich seit dreißig Jahren einen ausgezeichneten Orthopäden. Den rief ich an. Er meinte, so wie ich es schilderte, sei das kein Hexenschuß, sondern käme von der Hüfte. Da ich mich nicht sofort zu einer Fahrt nach Nürnberg entschließen konnte, gab er mir für jeden Abend der Woche eine andere Telefonnummer, unter der er erreichbar sei, falls irgend etwas sein sollte. Diese menschliche Geste hat mich sehr getröstet. Ich konnte gar nicht fassen, daß es das heutzutage noch gibt. Daß da ein Arzt spürte, ich brauchte jetzt einfach das Gefühl, nicht allein zu sein.

Ein paar Tage später bin ich dann mit dem Taxi zu ihm gefahren. Ich hatte ein wenig Angst vor der Gelenkspritze mit langer Nadel. Sie ist nicht sehr angenehm und ich hatte früher bei anderen Ärzten dabei schon alles mögliche erlebt. Aber der Arzt spritzte so fantastisch, daß ich erleichtert fragte:

»War das schon alles?«

Die Spritze half, ich konnte mich wieder besser bewegen. Vermutlich muß sie wiederholt werden. Zwar ist es viel Fahraufwand für eine Spritze. Aber ich nehme das gern in Kauf, weil ich zu diesem Facharzt einfach Vertrauen habe und weiß, für ihn bin ich kein namenloser Fall, sondern ein Mensch, der Hilfe braucht.

Ich weiß, daß diese Hüftgeschichte wie eine Zeitbombe ist. Der Ausfall meines Standbeines kann jederzeit wieder auftreten. Dann bin ich total hilflos. Ich muß jetzt aufpassen, daß ich mich da nicht hineinsteigere. Daß die Angst, bewegungsunfähig in der Wohnung zu liegen, ohne daß das jemand merkt, mich nicht lähmt. Daß meine lebhafte Fantasie mir nicht all die Schreckensbilder vormalt, die eintreten könnten. Ich möchte in meiner Wohnung bleiben, solange es irgend möglich ist. Es liegt an mir, ob ich genug seelische Stabilität dafür aufbringe. Ich fange wieder an zu üben:

»Nur für heute!«

Wenn ich am Morgen mit steifen Gelenken aufstehe, mich mühsam anziehe und resigniert denken will: ›Wenn das ein Leben lang so weitergeht, das packe ich nicht!‹, dann ist es eine ungeheuere Kraft zu sagen:

»Nur für heute. Das schaffe ich. Dafür reichen die Kräfte. Die Strapazen sind überschaubar.«

Ich empfinde meine Bewegungsfreiheit nicht mehr als selbstverständlich. Ich weiß, es könnte auch anders sein und das macht mich dankbar für das tägliche Aufstehenkönnen, für kleine Dinge, die den Alltag erleichtern.

Nur für heute!

Überrascht stelle ich immer wieder fest, wie ich dadurch Kräfte freisetze, die ich durch unnützes Grübeln binden würde. Dadurch ist der vor mir liegende Tag kein unübersteigbarer Berg, sondern eine Chance, neue Erfahrungen zu machen und Altbewährtes dankbar zu praktizieren.

»Tu einen Schritt über deine Angst hinaus«, hat mir Johannes einmal geraten. Das muß ich jetzt oft einüben. Ich bin nicht mehr der wagemutige Mensch, der ich als junges Mädchen war. Immer öfter merke ich, daß ich mich nicht mehr bedenkenlos auf mir unbekannte Experimente einlasse und daß ich Angst vor neuen Situationen habe. Ich sehne mich nach Sicherheit. Gewiß darf man das beim Älterwerden, daß man umsichtiger plant, länger abwägt und Entscheidungen bedächtiger trifft.

Aber hier lauert auch die Gefahr. Zu leicht richten wir uns ein in den Gewohnheiten unseres Lebens, wollen Vertrautes nicht mehr verlassen, meinen, so vieles nicht mehr zu brauchen. Wir werden genügsam und schränken unsere berechtigten Bedürfnisse immer mehr ein.

Gewiß, vieles wird unwesentlich, man braucht es nicht mehr zum Leben. Es ist gut, Ballast abzuwerfen, Unnützes wegzugeben, nicht immer nach Unerreichbarem zu gieren. Aber ebenso wichtig ist das Offensein für den Anruf des Lebens, darauf zu vertrauen, daß es auch für den Älterwerdenden noch seine ganze Fülle bereithält, wenn er seine Angst vor Veränderung überwindet.

Ich möchte Leben in Fülle haben . . .

Ich weiß, daß mir das verheißen ist. Ich muß nur angeschlossen bleiben an die nie versiegende Quelle.

Für mich ist es noch jetzt wie ein kleines Wunder, daß ich kurzfristig meine Teilnahme an einem Seminar im Schwarzwald ermöglichen konnte. Das oft schwierige Fahrtproblem löste sich ohne größere Schwierigkeiten: eine Bekannte übernahm die Hinfahrt, mein Neffe die Rückreise. Das ist zwar viel Zeitaufwand gewesen und auch doppelte Fahrtkosten, aber ich bin glücklich, daß sich das so ergab.

Bei meiner Ankunft hatte ich sehr gemischte Gefühle. Die Begrüßung klang wenig ermutigend:

Wie ich denn mit dem Rollstuhl in den Tagungsraum kommen wolle, da wären vier Stufen? Ob ich dazu jemand dabei hätte? Ich sagte, man hätte mir auf meine Anfrage geantwortet, es gäbe keine Schwierigkeiten. Ich sei sehr müde und würde gern in mein Zimmer gehen. Das sei noch nicht gerichtet.

Im Aufenthaltsraum war eine Frau, offensichtlich auch eine Teilnehmerin. Ich sprach sie an. Sie gab nur mürrisch Antwort.

Eigentlich möchte die Bekannte, die mich hergebracht hat, möglichst bald zur Heimfahrt aufbrechen. Aber sie spürt, was in mir vorgeht. Am liebsten würde ich sagen:

»Bitte nehmen Sie mich wieder mit zurück. Hier bleibe ich nicht.«

Dieses Gefühl verstärkt sich noch, als ich mein Zimmer sehe. Die Einrichtung ist unfreundlich, die Möbel sind bunt zusammengewürfelt, nichts ist aufeinander abgestimmt, alles wirkt provisorisch, unharmonisch, billig. Ich bezahle dafür einen fürstlichen Preis. Worauf habe ich mich da nur eingelassen?

Meine Bekannte verabschiedet sich. Ihr Händedruck ist ein wenig länger als sonst. Ich habe das Gefühl, ihr ist das Herz schwer. Vermutlich fühlt sie das gleiche wie ich. Ich mache einen Scherz, lache. Ich will nicht undankbar sein. Immerhin lag mir sehr viel daran, hierherzukommen.

Johannes hatte mich auf Unity hingewiesen. Das ist eine überkonfessionelle Vereinigung, die aus Amerika kommt. Im Mittelpunkt steht positives Denken. Ich hatte ein paar Tonkassetten gehört, die mich vom Inhalt her sehr ansprachen.

Als ich zum Abendessen gehe, sitzt mir ein Kloß im Hals. Die meisten Teilnehmer kennen sich schon. Mir sind alle fremd bis auf

Gerda, die noch nicht da ist. Neben mir sitzt ein bärtiger Mann. Er stellt sich vor und unversehens sind wir mitten in einem intensiven Gespräch. Meine anfängliche Befangenheit verliert sich. Ich schaue mich um und habe das Gefühl, sympathische Leute zu entdecken. Ich will mich durch den unfreundlichen Empfang nicht beeinflussen lassen. Ich will ganz offen sein für all das, was in diesen Tagen auf mich zukommen wird. Das nehme ich mir vor.

Nun liegen diese Tage schon wieder hinter mir. Alles in allem habe ich viele positive, beglückende Erfahrungen gemacht. Ich durfte Wärme und Zuwendung erleben und wurde ganz selbstverständlich in die Gruppe aufgenommen. Mein abendlicher Gesprächspartner kundschaftete Wege aus, die man mit dem Rollstuhl fahren konnte. Ein anderer nahm mich in seinem Auto mit nach Säckingen. Dort machten wir einen langen, wunderschönen Spaziergang am Rhein entlang.

An den Stufen zum Tagungsraum mußte ich kein einziges Mal um Hilfe bitten. Fast immer standen die Männer schon bereit. Nach den Meditationen sollten wir den Raum schweigend verlassen, jeder, wann er wollte. Das verunsicherte mich. Wie sollte ich mich da bemerkbar machen, ohne jemanden zu stören? Aber ehe die Männer gingen, sahen sie zu mir hin, blieben auch manchmal sitzen und warteten, wenn sie das Gefühl hatten, ich bin noch nicht soweit. Wir verständigten uns mit Blicken und ich spürte, daß sie nicht vergaßen, daß ich Hilfe brauchte. Das gab mir das Gefühl, wirklich dazuzugehören, ganz aufgenommen zu sein.

Um so schwieriger wurde es mit Gerda. Wir kannten uns seit über dreißig Jahren und ich hatte mich darauf gefreut, sie wiederzusehen. Mit Erstaunen erlebte ich, daß ich ihr kaum etwas recht machen konnte. Ständig hatte sie etwas an mir auszusetzen, und mit ihrem wiederholten Hinweis, wie dankbar ich doch sein müßte, daß sich alle so nett meiner annähmen, raubte sie mir den letzten Nerv. Ich war arglos genug, nicht zu durchschauen, was da wirklich lief. Gerda ist eine gutaussehende, sehr vitale Frau. Sie wirkt anziehend auf Männer und sie ist gewohnt, bei ihnen im Mittelpunkt zu stehen. Im Nachhinein denke ich, sie war einfach eifersüchtig. Sie hatte nicht damit gerechnet, daß ich trotz meiner Behinderung so viele Kontakte haben würde. Ihr Hinweis, ich müsse dankbar sein, klang immer giftiger. Ich sagte ihr das auch und bat um eine Aussprache. Zunächst stimmte sie zu, am andern Tag aber meinte sie, das sei nicht mehr nötig. Ihr sei einiges klargeworden. Auch ich verspürte keine große Lust zu einem klärenden Gespräch.

Zwei Tage später ging es mir sehr schlecht. Ich war während einer Meditation so sehr in ein Loch gefallen, daß ich das Gefühl hatte, jetzt nicht allein bleiben zu können. Ich bat Gerda, den Abend mit mir auf meinem Zimmer zu verbringen. Sie sagte, ich solle vorausgehen, sie komme nach. Als sie nach einer Stunde kam, eröffnete sie mir, sie hätte eine Verabredung. Ich sagte:

»Gerda, ich brauche dich wirklich. Bitte laß uns überlegen, ob du nicht absagen kannst oder ob wir uns nicht zu dritt zusammensetzen können.«

Aber sie blieb bei ihrem Nein und ging. Hätte sie gleich abgesagt, hätte ich mich jemand anderem anschließen können. Jetzt aber hatten sich die Tagungsteilnehmer bereits verlaufen und die Treppen hinderten mich, jemanden zu suchen. Ich mag nichts schreiben über die darauffolgende Nacht und den ganzen Gefühlswust, der in mir tobte. Immerhin hatte ich mit Gerda vor vielen Jahren schon einmal eine ähnliche Situation erlebt. Sie war nie für mich da, wenn ich sie wirklich brauchte. Das tat sehr weh.

Wir haben in diesen Tagen sehr viel meditiert. Gut für mich war, daß ich nicht in meinem Rollstuhl sitzen bleiben mußte. Ich konnte mich auf einer sehr bequemen Liege ausstrecken. Dies erleichterte mir das Entspannen sehr. Dafür war ich dankbar. Bei den Meditationen machte ich die unterschiedlichsten Erfahrungen. Ich hatte das Gefühl, mit Schichten in meinem Inneren in Kontakt zu kommen, die mir im alltäglichen Leben nicht zugänglich waren. Meist ergab sich für mich daraus ein gutes, warmes, sehr beglückendes Gefühl. Einmal sah ich ein winziges Licht. Es wurde größer und größer und immer strahlender. Es hüllte mich ganz ein, durchflutete mich. Am liebsten wäre ich daraus nie mehr aufgetaucht, so glückselig war dieser Zustand. Bei der nächsten Meditation sehnte ich mich nach diesem Erleben. Ich bot meine ganze Fantasie auf, um dieses Licht herbeizuzwingen. Nichts geschah. Aber ich dachte hinterher: ›Ich kann jetzt Rauschgiftsüchtige verstehen, die sich immer wieder in einen Zustand des Wohlbehagens und der Schwerelosigkeit zurückversetzen möchten.‹ Ein paar Tage später, als ich überhaupt nichts dazu tat, war das Licht wieder da. Ich wartete ab, ließ es geschehen, öffnete mich . . .

Sicher kann ich nicht alles bei Unity nachvollziehen. Manchmal merkte ich, daß ich bewußt meine kritischen Gedanken beiseite ließ, um nicht aus diesem Zustand der Harmonie zu fallen. Ich weiß, daß ich mir die Auseinandersetzung damit nicht ersparen darf, und es ist nötig, daß ich wachsam einiges überdenke. Ich weiß aber auch, daß es in meinem damaligen Zustand legitim war, unverdauliche Dinge mir nicht einzuverleiben und beim geistigen Essen nur das auszuwählen, von dem ich wußte, es würde mir bekömmlich sein. Es störten mich deshalb auch nicht die oft überschwenglichen Aussagen des Leiters. Ich konnte sie weglegen und für mich entscheiden, daß ich sie nicht nachvollziehen muß. Ich kam so sehr in mir selbst zur Ruhe, daß mich beim Meditieren keine eigenen Gedanken mehr ablenkten. Das war um so erstaunlicher, weil sonst beim Stillewerden meine Gedanken wie eine wildgewordene Affenherde hin- und herrasten.

Sehr beeindruckend war eine geistige Abendmahlsfeier ohne Brot und Wein. Anschließend ging jeder auf sein Zimmer. Es sollte nicht gesprochen werden. Aber wer mochte, konnte seine Türe geöffnet lassen. Dies sei ein Zeichen, daß der andere eintreten dürfe, willkommen sei. Wir könnten uns schweigend segnen mit einem gedachten Wunsch.

Mein Zimmer lag weitab von denen der anderen Gäste. Viele wußten gar nicht, wo ich wohnte. Ich hatte ein wenig Sorge, es würde keiner kommen, und mir tat weh, daß ich die anderen nicht besuchen konnte. Wartenmüssen ist immer schwerer als die Initiative ergreifen zu können. Ich war also darauf angewiesen, nichts tun zu können und es eventuell aushalten zu müssen, daß ich allein blieb. Doch: wenn ich auch zu niemandem gehen konnte, so war es mir doch nicht verwehrt, meine Segenswünsche ganz intensiv für einzelne zu denken. Ich schickte meine guten Gedanken auf die Reise.

Da kam schon der erste Teilnehmer. Wir hielten uns an den Händen, sahen uns offen und warm in die Augen. Ich spürte, wie mir Kraft und Segen zuflossen. Spontan nahmen wir uns in den Arm und trennten uns schweigend. Schon kam der Nächste. Viele kamen. Mir ging es richtig ans Herz, wieviel Liebe und Wärme da ausgetauscht wurden. Einige, die mich nicht gefunden hatten, kamen bei der Rückkehr in den Vortragssaal noch auf mich zu, um mir ihren Segen zu vermitteln.

Mir hat Segen schon immer viel bedeutet. Aber noch nie habe ich ihn so bewußt und intensiv erlebt wie in dieser Stunde.

Es gibt viel Grund zum Dankbarsein, freilich anders, als Gerda das von mir forderte. Sie betonte immer die Last, die die anderen auf sich nahmen, wenn sie mit mir zusammensein wollten. Ich aber fühlte mich als gleichwertiger Partner. Ich wußte, daß ich nicht nur die Nehmende war, sondern auch viel zu geben hatte. Die Männer, die mir halfen, vermittelten mir nicht das Gefühl, ich sei eine Belastung für sie. Im Gegenteil. Sie signalisierten, daß sie gern mit mir zusammen waren, und noch jetzt höre ich unser helles Lachen auf den Höhen des Schwarzwaldes.

Es war einer jener Herbsttage, überklar und hell, von denen ein Dichter sagt:

»Dies ist ein Herbsttag wie ich keinen sah.
Die Luft ist still, als atmete man kaum.«

Wir machten einen weiten Spaziergang auf zum Teil sehr steilen Wegen. Die Männer kamen ins Schwitzen, ihr Atem ging schneller, aber es machte ihnen Spaß, den Rollstuhl zu schieben. Sie spürten meine Freude und das beschwingte sie. Sie gaben mir das Gefühl, daß ich sie beschenkt hatte, weil ich mitgekommen war.

Auf der Höhe machten wir Rast und genossen den weiten Blick in das farbentrunkene Land. Ein paar Minuten waren wir ganz still, ins Schauen versunken. Ab und zu löste sich ein Blatt vom Baum, tanzte in der Sonne, fiel lautlos nieder.

»O Täler weit, o Höhen« stimmte einer an, und als er geendet hatte, sagte ich versonnen:

»Trinkt, o Augen,
was die Wimper hält,
von dem goldnen Überfluß
der Welt . . .«

Und in mir, lautlos:

»Trink in dich tief
alles leuchtende Sein,
daß es noch strahlt,
wenn die Nacht bricht herein.«

Die Nacht... Ich wußte, sie würde wiederkommen, schwarz, atembeklemmend, ohne Sterngefunkel. Sie würde dahocken und mir Angst einjagen wie ein furchterregendes Gespenst. Vielleicht gelang es mir dann, meine inneren Bilder zu wecken und aufleuchten zu lassen. Vielleicht würde ich dann erkennen, daß das Nachtgespenst nur ein im Dunkel stehender Baum ist. Vielleicht...

Ich bin zu ehrlich, als daß ich die Unitytage so verklärt stehenlassen könnte. Die Gemeinschaft war schön und es war viel Liebe untereinander. Davon wünschte ich mir mehr in unseren christlichen Gemeinden. Wie steril und steif geht es da doch oft zu, wie fremd und unverbindlich. Gut fand ich auch die Übungen im positiven Denken. Sie hatten sicher ihre Berechtigung. Trotzdem sehe ich darin auch eine Gefahr. Aufgegangen ist mir das an dem Satz, den der Leiter behauptete:

»Christus hat am Kreuz nicht geschrieen, er hat nie gelitten.«

Auch wenn ich weiß, daß Ostern weitaus wichtiger ist als der Karfreitag, so meine ich doch, wir können ihn nicht einfach leugnen.

Ich habe jetzt einige der Kassetten noch einmal abgehört. Leid kommt darin tatsächlich nicht vor. Zwar unterschätze ich die Kraft des positiven Denkens nicht. Im Gegenteil, ich bin mir sehr bewußt, daß wir diese Kraftquelle in unserem Leben viel mehr einsetzen müßten. Mir ist aufgefallen, wie häufig wir etwas negativ formulieren, was man auch positiv ausdrücken könnte. Ich weiß, daß das meiste im Leben eine Einstellungssache ist und daß es einen gewaltigen Unterschied macht, ob ich klage: »Mensch, die Flasche ist schon halb leer!« oder ob ich mich freue: »Prima, sie ist noch halb voll!«

Wir können gar nicht oft genug darauf hingewiesen werden, daß sich unsere Einstellung ändern muß. Daß wir es teilweise selbst in der Hand haben, ob es uns gut oder schlecht geht. Ich habe die Wahl. Ich kann mich entscheiden.

Wenn ich trotzdem ein Unbehagen nicht los werde, so deshalb, weil der Erfolg eigentlich immer garantiert ist. Ich brauche nur die passende Münze einzuwerfen und dann kommt unweigerlich das Gewünschte heraus. Gott ermäßigt sich zu einem Automaten, der zu funktionieren hat, wenn ich ihn nur richtig bediene. Ich habe auch nicht ganz begriffen, was die Unity-Leute mit dem »wissenschaftlichen Beten« meinen. Nur soviel verstand ich, daß nur diese Gebete wirklich erhört würden. Sie folgen einem unumstößlichen Gesetz. Mich friert es bei einem Gott, bei dem ich mich richtig verhalten muß, damit er mir hilft. Ich denke:

›Mein Gott ist nicht so kleinkariert, daß er von mir das Wissen um unumstößliche Gesetzmäßigkeiten verlangt, ehe er bereit ist sich meiner anzunehmen. Ich brauche einen Gott, der auch mein unwissenschaftliches Gestammel ernst nimmt, hört, erhört. Ich vertraue darauf, daß er meine vielleicht falschen Formulierungen so versteht, wie sie gemeint sind, daß er keine Zensuren verteilt und mich nicht nach meiner Glaubensfähigkeit einstuft. Mein Gott ist kein Roboter, der automatisch funktioniert. Er hat ein Herz, das für mich schlägt. Er liebt mich und dafür muß ich keine Vorleistungen erbringen. Manchmal verstehe ich ihn nicht. Manches Mal maule ich mit ihm und halte ihm mein unbegriffenes Schicksal vor. Er erspart mir das Leid nicht. Manchmal fühle ich mich gekeltert und gepreßt wie eine Traube. Das ist dann wie Sterben und es geht mir nicht gut.‹

Wenn ich die Kraft des positiven Denkens zum Garanten für Wohlergehen setze, dann bin ich an meinem Leidenmüssen selbst schuld. Dann hätte ich es vermeiden können, wenn ich nicht so dämlich gewesen wäre, diese Gesetze nicht in Anspruch zu nehmen. Wenn ich dies konsequent zu Ende denke, dann hat allerdings ein Christus, der gelitten hat, darin keinen Platz. Ein Gott, der schreit –, das darf dann nicht sein. Ich aber brauche den leidenden Christus. Ich brauche seine Solidarität mit den Geschundenen dieser Welt. Welcher Hochmut, alle Leidenden für ihr Elend selbst verantwortlich zu machen. Ich bin nicht sicher, ob ich das richtig verstanden habe. Ich kenne Unity und seine Lehre zu wenig, um wissen zu können, ob ich sie nicht doch falsch interpretiere. Ob ich nicht doch vielleicht etwas aus dem Zusammenhang gerissen gehört habe. Ich will mir kein Urteil erlauben. Ich will jetzt nur noch eine Erfahrung aufschreiben. Der Leiter hatte gesagt:

»Dein Körper ist Ausdruck deiner Seele.«

Das hat mich wütend gemacht. Da während des Vortrags keine Wortmeldung zugelassen war, habe ich den Mann hinterher um ein Gespräch gebeten. Ich sagte ziemlich aufgebracht, ich hätte keine verkrüppelte Seele, und als ich mit einem Jahr Kinderlähmung bekommen hätte, da hätte ich bestimmt noch nicht falsch denken können. Was er denn dazu sage, daß ich mit zwei Tagen schon den Arm gebrochen habe, weil die Hebamme beim Baden nicht aufpaßte? Und dazu, daß ich anschließend eine Kinderkrankheit nach der anderen bekommen hätte? Er überlegte nicht einen Augenblick. Seine Antwort kam sehr sicher:

»Das ist Karma. Du hast dich in deinem früheren Leben entschieden, hier auf dieser Erde das Schwerste zu lernen, was man lernen kann: das Angewiesensein auf andere.«

Das konnte ich zwar nicht nachvollziehen, aber ich konnte es unwidersprochen stehen lassen. Ich merkte, daß die Ursache meiner Verärgerung darin lag, daß ich durch falsches Verhalten für meine Behinderung selbst verantwortlich sein sollte. Daß sich einer anmaßte, mir Schuld zuzuweisen.

Ich wehrte mich gegen diesen Gedanken nicht nur meinetwegen. Er erschien mir einfach unrecht gegen all die Behinderten dieser Welt. Dabei war mir klar, daß die Meinung, ein Mensch könnte an seiner Behinderung selbst schuld sein, tief im Menschen sitzt. Hatten nicht bereits vor zweitausend Jahren Menschen Jesus gefragt, wer denn bei dem Blindgeborenen gesündigt habe, er oder seine Eltern. Mich ärgert die Vermessenheit, mit der Menschen mit geraden Gliedern sagen können:

»Dein Körper ist Ausdruck deiner Seele.«

Und mit welcher Selbstverständlichkeit sie für sich in Anspruch nehmen, daß sie ihren gutgewachsenen Körper verdient haben.

Verdient . . .

Ich bin sehr froh, daß ich bei Gott, so wie ich ihn verstehe, mir nichts verdienen muß. Daß ich bei ihm aus dem Leistungsstreß entlassen bin und daß ich wissen darf, daß seine Gnade größer ist als mein Herz.

Heute bin ich sehr erschrocken. Obwohl ich an mir unbekannte Handschriften bei meinem Posteingang gewöhnt bin, sah ich am Absender, daß es mit Ingo zu tun hatte. Jetzt war es also soweit. Einer seiner Freunde würde mir mitteilen, daß Ingo der tödlichen Krankheit erlegen war, so dachte ich. Mein Herz jagte. Ich konnte den Briefumschlag nicht sofort öffnen, sondern dachte erst eine Weile darüber nach, was diese Nachricht für mich bedeuten würde. Größer als meine Trauer war meine Erleichterung, daß er es hinter sich hatte. Daß ihn kein Schmerz mehr quälen konnte und daß das so bittere Abhängigsein nun aufgehoben war. Gleichzeitig schämte ich mich dieser Regung. Ingo hätte so gerne noch gelebt.

Ingo lebt noch. Aber er liegt in einem Krankenhaus, halbseitig gelähmt. Er kann nicht schreiben, nur verwaschen sprechen und ist an viele Schläuche angeschlossen. Er hat den Freund gebeten, mir das mitzuteilen.

Ich komme mit meinen Gefühlen nicht klar. Ich vermisse den scharfen Schmerz und die Wut über so viel Leidenmüssen. In mir ist auch nicht der Wunsch zu ihm zu fahren, ihn nochmals wiederzusehen. Zwar weiß ich, daß ich keine Fahrtmöglichkeit habe, aber mein Vernünftigsein erschreckt mich. Ist mir Ingos langsames Dahinsterben gleichgültig geworden? Bin ich ihm böse, daß es sich so lange hinzieht? Oder halte ich nur nicht aus, daß ich so aus der Ferne teilnehmen soll, über Wochen hinweg im Ungewissen über sein Ergehen? Bin ich es leid, meiner Fantasie ausgeliefert zu sein, die mir schreckliche Krankheitszustände anbietet, von denen ich nicht weiß, ob sie stimmen? Ist es einfach ein Stück Selbstschutz, um in der Hoffnungslosigkeit nicht zu versinken?

Ich weiß es nicht. Ich fühle mich seit einiger Zeit, wenn ich an Ingo denke, wie tot. Er tut mir leid. Aber es ist, als hätte mein eigener Schmerz um dieses Abschiednehmenmüssen aufgehört. Vielleicht macht sich dabei jetzt auch bemerkbar, daß ich Ingo eigentlich kaum kenne. Wir sind uns nur ein paarmal begegnet und hatten dabei festgestellt, daß wir uns sympathisch fanden. Ich hörte erst wieder von ihm, als er wußte, daß er Krebs hat. Er rief immer wieder an. Er brauchte jemanden, der ihm zuhörte, der seinen Schmerz und seine Wut über die unerbittliche Krankheit teilte, stehen ließ, nicht hinwegredete. Als dann die Phasen einer scheinbaren Besserung einsetzten, hielt er mich mit Nachrichten sehr kurz. Ich sorgte mich und mußte dann immer wieder einmal feststellen, daß meine Ängste – zumindest für den Augenblick – unberechtigt waren. Irgendwann machte mich das wütend. Meine Schwierigkeit dabei war, daß ich immer wieder dachte:

›Sein Leben ist nicht leicht. Ich darf ihn nicht mit meiner Verärgerung aufregen. Das würde ihm nicht gut tun.‹

Aber ich merkte auch, daß ich immer häufiger sinnierte: ›Auch eine unheilbare Krankheit rechtfertigt nicht jede Zumutung.‹ Und ich empfand es als Zumutung, daß ich mit ihm leiden sollte, daß er mich aber ausschloß, wenn es ihm besser ging. Wenn ich ihn ernst nahm, mußte ich ihm das schreiben.

Er rief mich daraufhin an. Er sagte, er würde mich verstehen. Aber es änderte sich nichts.

Jetzt kann er nicht mehr schreiben, und in mir ist viel Widerstand, mich nochmals so intensiv in Sterben und Tod hineinziehen zu lassen. Ich frage mich, ob dies die natürlichen Abwehrmechanismen sind. Selbstkritisch prüfe ich, ob ich nicht einfach nur gekränkt bin über Ingos Verhalten? Er hat mich an seinem Leben nicht teilhaben lassen. Wie kann ich ihn da bei seinem Sterben begleiten? Irgendwie fühle ich mich überfordert. Gleichzeitig verspüre ich Schuldgefühle und empfinde mich als Versager.

Ich habe mir vorgenommen, Ingo immer wieder einmal ins Krankenhaus zu schreiben, damit er sieht, daß ich an ihn denke. Ich will ihm vorschlagen, seinen Freund zu bitten, mich über sein Ergehen auf dem laufenden zu halten. Dabei befürchte ich, daß er das nicht tun wird, und daß für mich dann wieder die Ungewißheit beginnt mit all den unwägbaren Belastungen. Ich weiß, daß ich damit nur schwer umgehen kann. Ich merke, daß ich loslassen muß, wenn ich mich nicht kaputtmachen will. Vielleicht kann ich dann wieder besser und einfühlsamer auf Ingos Bedürfnisse eingehen. Vielleicht habe ich aber auch die Trennung innerlich längst vollzogen und will es nur nicht wahrhaben, weil ich es als schäbig empfinde, einen Sterbenden alleinzulassen und mich dem Leben – meinem Leben – zuzuwenden.

Diese Überlegungen bohren in mir. Ich weiß nicht, wo ich mich selbst belüge und wo ich das Recht habe, einen Schutzwall um mich zu bauen. Das ist eine scheußliche Situation ...

Ich will versuchen, in meinen Gefühlswirrwarr ein wenig Ordnung zu bringen. Dabei bin ich heute morgen gutgelaunt aufgestanden und habe mich über den Tag gefreut, der vor mir liegt.

Was ist geschehen?

Da mich Gerdas Verhalten noch immer beschäftigte, habe ich ihr vor einigen Tagen einen Brief geschrieben. Ich versuchte ihr zu erklären, wie wichtig mir im Interesse unserer Freundschaft sei, daß wir ehrlich miteinander umgingen und daß ich gern wissen möchte, warum sie so aggressiv reagiert habe. Ich sprach auch von meinen Gefühlen und was ihr ständiger Hinweis, wie dankbar ich sein müßte, bei mir an Verletzung bewirkt habe.

Heute kam Gerdas Antwort. Es ist ein Brief voll von Vorwürfen, Anschuldigungen, haltlosen Behauptungen. Sehr betroffen bin ich, daß sie schreibt:

»Ich habe schon vor dreißig Jahren gewußt, wie Du wirklich bist.« Zum Beweis führt sie an, wie ich einmal unser Dienstmädchen angeherrscht habe, weil sie irgend etwas nicht erledigt hatte. Ich kann mich an den Vorfall nicht erinnern. Aber ich unterstelle, daß er stimmt. Ich war ein sehr temperamentvolles junges Mädchen, nicht immer zur Freude meiner Umwelt. Nur, warum hatte mich Gerda nicht damals darauf hingewiesen und mich wegen meines ungebührlichen Verhaltens zur Rede gestellt? Was sollte diese Vorhaltung nach dreißig Jahren? Ich bin nicht mehr die Frau, die ich damals war.

Ich habe jetzt noch einmal die weiteren Anschuldigungen gelesen. Kennt Gerda mich so wenig? Kennt sie mich überhaupt? Wir sind uns viele Jahre nicht mehr begegnet. Sie schreibt nicht:

»Auf mich hast Du so und so gewirkt.«

Sie behauptet:

»So und so bist Du.«

Das macht mich ratlos. So schreibt sie unter anderem: »Ich finde, auch ein behinderter Mensch hat nicht das Recht, anderen Schuldgefühle einzuimpfen, indem er immer wieder demonstriert: ›Seht her, ich bin behindert, ihr *müßt* mir helfen.‹ Du wartest ja direkt darauf, daß Du alleine gelassen wirst, um hinterher sagen zu können: ›Na ja, wie immer, keiner da . . .‹«

Das war ja nun wirklich nicht mein Problem. Ich hatte auf der Tagung gute Kontakte. Ich saß nicht in irgendeiner Ecke und meine Behinderung demonstrierte ich wirklich nicht.

Beim nochmaligen Durchlesen des Briefes stieß ich nun auf einen Satz:

»Meine Mutter war ein ›Krüppel‹, wie sie uns Kindern immer wieder in Erinnerung rief. Ihre Worte: ›Wartet nur, es wird euch leid tun, wenn ich tot bin, daß ihr euch nicht um mich kümmert‹, hingen mir ein ganzes Leben nach.«

Lag hier der Schlüssel für die mir so unverständlichen Aggressionen? Mußte Gerda mir all das vorwerfen, weil sie es ihrer Mutter nicht mehr sagen konnte? Vollzog sich hier ein längst fälliger Ablösungsprozeß, der mit mir als Luise überhaupt nichts zu tun hatte? War ich einfach der Auslöser für unverarbeitete Jugenderlebnisse?

Ja, das war es wohl. Diese Erkenntnis erleichtert mich sehr. Denn zunächst hatte ich Gerdas Brief als persönliche Kränkung empfunden. Über Stunden hinweg habe ich mich selbstquälerisch gefragt, ob ich keine Kritik vertragen könnte. Ob ich nur nicht sehen wolle, daß ich solch ein liebloser, egoistischer, hinterhältiger Mensch sei, der dem anderen das Leben mit Wonne vergällt? Ich habe mir eingestanden, daß ich Kritik nicht immer gut vertragen kann. Daß es schon vorkommt, daß ich heftig darauf reagiere und daß ich mich manchmal zu dummen Verteidigungsspielchen hinreißen lasse, anstatt zuzugeben:

»Ja, so bin ich!«

Ich habe voll Scham gesehen, daß ich es auf der Tagung genossen habe, zahlreichere Kontakte als Gerda zu haben. Sie, die immer auf Männer wirkte, fand nicht allzuviel Beachtung. Das tat mir gut. Dadurch habe ich sicher dazu beigetragen, daß Gerda immer aggressiver reagierte, daß sie ständig an mir herumnörgelte, um mir zu beweisen, daß ich nicht liebenswert sei. Ich aber wußte in diesen Tagen einfach:

»Ich bin liebenswert!«

Und das strahlte ich offensichtlich auch aus. Fest steht, wir sind uns sicher nicht unter den günstigsten Voraussetzungen bei dieser Tagung begegnet. Reicht das aber schon aus, daß deswegen eine Freundschaft in die Brüche geht? Gerda schreibt:

»Ich komme nicht mehr zu Dir und ich wünsche Dir nur, daß Du das nicht mit allen Deinen Freunden machst, sonst werden eines Tages keine mehr kommen ...«

Mir ist beim Nachdenken einiges klargeworden. Zwar werde ich nicht versuchen Gerda zu überreden, die Beziehung zu mir nicht abzubrechen. Das muß sie selbst entscheiden. Ich weiß heute, daß ich Bekanntschaften nicht mehr unter allen Umständen aufrechterhalten will. Auch sie haben ihre Zeit. Manchmal geht etwas zu Ende. Dann soll man das akzeptieren und nicht unter allen Umständen daran festhalten wollen. Ich bin nicht mehr bereit, für eine Freundschaft *jeden* Preis zu bezahlen, auch wenn ich gewillt bin, für ihren Fortbestand sehr viel zu investieren.

Ich will Gerda noch einmal schreiben. Vielleicht vermag sie zu sehen, daß sie Erlebnisse mit ihrer Mutter auf mich übertragen hat. Vielleicht gelingt es uns nach einiger Zeit darüber zu lachen, wie dumm wir doch beide waren. Jedenfalls bin ich froh, daß all die Ressentiments gegen mich endlich ausgesprochen wurden. Vielleicht können wir danach unverkrampfter miteinander umgehen. Ich wünsche es mir.

Eben bin ich ganz beglückt von einer kleinen Autofahrt zurückgekehrt. Ein Sanitäter, den ich seit vielen Jahren kenne, hat mich angerufen. Er erbot sich, mit mir eine kleine Stadtrundfahrt zu machen, damit ich meine Heimatstadt wieder einmal bei Nacht und Schnee erleben könnte. Zunächst war ich gar nicht sonderlich begeistert. Es war kalt, es schneite leicht und ich dachte:

›Bei dem Wetter mit dem Auto durch die Stadt, was soll das schon groß sein?‹

Aber ich mochte nicht absagen, um den Mann nicht zu kränken. Ich hatte ihm abgespürt, daß er mich erfreuen wollte und so sagte ich zu.

Schon als ich die Schneeluft schnupperte – ich war Wochen nicht mehr im Freien gewesen –, ging eine Verwandlung mit mir vor. Ich stieg ins Auto, der Sanitäter machte einen Scherz und wir lachten uns an. Zunächst fuhren wir durchs Tal und ich sah die schneebedeckte, nächtlich angestrahlte Stadt hoch über der Tauber liegen. Mein Herz schlug schneller:

›Mein Gott, war das schön!‹

Es fielen uns Mundartgedichte ein und wir sagten sie auf. Manchmal blieben wir »hängen«, konnten den Text nicht mehr auswendig. Aber das tat unserer Begeisterung keinen Abbruch. Wir waren uns einig, daß es stimmte:

»O die Haamet, nitt um vill mechet is verdausche.«

Mir wurde ganz warm ums Herz. Kindheitserinnerungen wachten auf, und als wir dann durch die abendlichen Gassen fuhren, war ich das Kind, das an einem Brunnen hockte und seinem Rauschen lauschte. Ich sah mein Geburtshaus und erinnerte mich an den alten historischen Hof, der einen wunderschönen Ziehbrunnen hatte. Viele Fußgänger waren noch unterwegs, eilten mit hochgeschlagenem Mantelkragen vorbei, Weihnachtspakete unter dem Arm. Sie kamen vom Christkindlesmarkt und die Buden und Stände leuchteten im Weihnachtsschmuck, Lebkuchen und Gewürze dufteten. Wir hatten angehalten, das Autofenster geöffnet, um die Sternsinger zu hören. Ich war wie verzaubert. Ich suchte da einen Winkel, dort eine verborgene Türe und ich sah mich als Kind durch die Gassen springen, Murmeln spielen, Schlitten fahren. Es war Sommer und Winter zugleich.

Da gab es ein Schaufenster, an dem ich mir vor Weihnachten die Nase platt drückte. Eine Puppe stand darin in einem hellgrünen Skianzug. Nichts wünschte ich mir sehnlicher, als daß sie mir gehören würde. Jeden Tag machte ich auf meinem Schulgang einen Umweg, um an diesem Schaufenster vorbeizukommen, nachzusehen, ob die Puppe noch da sei. Ich hatte irre Angst, ein anderer könnte sie kaufen. Ich zerrte meine Mutter an der Hand vor diese Auslage. Ich sagte, ich wolle sonst überhaupt nichts zu Weihnachten, nur diese Puppe. Meine Mutter schwieg. Sie sah ein wenig traurig aus. Ich verstand nicht, warum sie nicht gleich ins Geschäft ging und die Skiläuferin kaufte. Eines Tages war sie weg. Mir blieb schier das Herz stehen. Das war doch meine Puppe! Aber dann tröstete ich mich. Die Mutter wußte, wie sehr ich sie mir wünschte. Sicher hatte sie sie heimlich gekauft, um mich am Heiligen Abend zu überraschen. Aber am Heiligen Abend fehlte die Puppe auf dem Gabentisch. Ich weinte bitterlich. Keines meiner Geschenke interessierte mich.

›Sicher haben die Eltern mich nicht lieb, sonst hätten sie mir diesen Herzenswunsch erfüllt‹, dachte ich und der Schmerz wurde immer größer.

Heute weiß ich, daß die Eltern für diese teure Puppe kein Geld hatten. Der Vater war arbeitslos und wir hatten nur das Nötigste zum Leben. Außerdem mußten meine Eltern viel Geld für meine teuren Gehapparate ausgeben, für die damals noch keine Krankenkasse aufkam. Sie redeten mit uns Kindern nie darüber und taten alles, daß wir nicht spüren mußten, wie arm wir waren.

Was wurde da alles an Erinnerungen lebendig: schöne Spiele, Streiche, Kinderängste und schimpfende Nachbarn, eine Frau, die mir ein Eis spendierte. Das war zu der damaligen Zeit ein seltener Genuß. Aber auch Kinder, die mich hänselten, weil ich mit meinem gelähmten Bein hinkte, fielen mir ein.

Alles in allem: Es war eine schöne Kindheit. Wir hatten zwar wenig Spielzeug, dafür um so mehr kreative Einfälle und eine ganz lebhafte Fantasie.

Angeregt durch meine Begeisterung erzählte der Sanitäter von eigenen Kindheitserlebnissen. Er schilderte eine Horde wilder Buben, die ständig neue Streiche ausheckten. Manche Tracht Prügel hatte es gegeben.

»Ower schäää wor's!«, sagte er und seine Augen hatten einen ganz warmen Glanz. Der Mann fuhr noch einen Umweg, um mir sein Geburtshaus zu zeigen, das außerhalb der Stadt lag. Wieviel hatte sich da verändert, nicht immer zum Besten. Ich merkte ihm den Schmerz an, daß er die Wiesen und Felder nicht mehr fand, daß die geliebten Bäume verschwunden waren und daß ein Villenviertel entstanden war, wo früher kleingeduckte, ärmliche Häuser gestanden hatten.

Als wir bei mir zu Hause wieder ankamen, war ich sehr beschenkt. Nur eine Stunde war ich weggewesen. Mir aber war, als hätte ich einen weiten, beglückenden Weg zurückgelegt.

Ganz geruhsam wollte ich mich auf das Christfest vorbereiten. Ich hatte frühzeitig begonnen meine Päckchen zu packen, Briefe zu schreiben, und nun war mir doch noch so vieles dazwischengeraten, was mich nicht fertig werden ließ. Obwohl ich über hundert Briefe – wirkliche Briefe, keine Glückwunschkarten – geschrieben hatte, liegen noch immer weit über siebzig unbeantwortet. Auch wenn ich möchte, kann ich das nicht mehr schaffen. Mein Rücken nimmt mir die viele Sitzerei an der Schreibmaschine ohnehin übel. Aber ich will auch gar nicht mehr.

So gern ich an die meisten der Briefeschreiber denke, so sehr fühle ich mich im Moment überfordert, auf jedes einzelne Geschick in einem Brief noch einzugehen. Mir macht es immer wieder Not, daß viele Leute zu Weihnachten schreiben, von denen ich lange nichts mehr gehört habe. Oft erzählen sie dann die Erfahrungen eines ganzen Jahres. So verständlich es ist, daß sie zu Weihnachten – mehr als sonst im Jahr – sich nach Wärme und Zuwendung sehnen, so sehr überfordert es meine physischen und psychischen Kräfte. Dabei würde ich ihnen so gerne das geben, was sie erwarten und offensichtlich auch brauchen. Gerade an Weihnachten möchte ich nichts schuldig bleiben. Aber kaum einmal im Jahr fühle ich mich ärmer, ausgeschöpfter. Oft habe ich das Gefühl, was immer ich an Liebe und Zuwendung investiere, es wird nie ausreichen. Immer fällt mir noch jemand ein, der einsam ist, der arbeitslos zu Hause sitzt, einer, der von Depressionen geplagt wird und auf ein wärmendes Wort wartet. Nie ist es genug. Irgendeiner wird immer enttäuscht sein, wird berechtigte Vorwürfe vorbringen können. Manchmal macht mich diese Ohnmacht so wütend, daß ich einen ganz dicken Schutzmantel um mich ziehe, bis ich mein Herz nicht mehr höre. Dann denke ich voll Zorn:

›Ich will nicht mehr!‹

Dabei weiß ich, daß ich sagen müßte: »Ich kann nicht mehr!« Weil dies einzusehen so schmerzlich ist, gebe ich mich weiteren Täuschungen hin. Ich frage mich plötzlich, ob ich die vielen Menschen denn wirklich liebe. Ob ich selbst nicht einfach dieses Gefühl brauche, für andere da zu sein. Plötzlich kommt es mir vermessen vor, die Kälte in der Welt verringern zu wollen. Immer wird es nur ein Tropfen auf einen heißen Stein sein. Ich kann die Einsamkeit in dieser Welt nicht aufheben. Ich vermag den Hunger nicht zu stillen. Wer bin ich denn, daß ich solche Ansprüche an mich habe? Fühle ich mich nicht wie der persönliche Berater Gottes, der weitaus besser als Gott sieht, was der einzelne braucht?

Es ist zum Verzweifeln . . .

Ich bin so gerne für andere da. Ich möchte ein Stück ihrer Einsamkeit aufheben und wünsche mir, daß sie Geborgenheit erfahren. Dabei übersehe ich oft meine eigenen Bedürfnisse. Achtlos gehe ich mit meinem Hunger nach Leben um und verdränge, daß auch ich Nähe und Wärme bräuchte. Es heißt:

»Du sollst deinen Nächsten lieben *wie* dich selbst.«

Wie dich selbst – nicht mehr und nicht weniger. Ich mache immer wieder den Blödsinn so zu leben, als würde es heißen: »mehr als dich selbst«. Dabei müßte ich doch wissen, wie sehr man da in ein Defizit kommt und daß man am Ende dann so verhungert ist, daß man selbst gar nichts mehr geben kann. Das ist lebensbedrohlich. Immer wieder vergesse ich, daß ich nicht nur für die anderen sorgen muß, sondern auch für mich selbst. Nur wenn ich gelernt habe zu nehmen, kann ich auch wirklich geben. Mit dem Nehmen habe ich nach wie vor meine Schwierigkeiten.

»Nehmen ist seliger denn geben« sagt Johannes in seiner Klinik. Bei den meisten Gästen – es gibt dort keine Patienten – löst er damit zunächst einmal Befremden und Widerspruch aus. Er hat in seinem erfahrungsreichen Leben begriffen, daß es viele verhungerte Menschen gibt, die erst einmal wieder lernen müssen zu nehmen. Erst wenn sie das können, gilt auch wieder die Umkehrung:

»Geben ist seliger denn nehmen.«

Freilich denke ich eben auch: ›Darf man das so in unsere heutige Zeit einfach hineinstellen? Nimmt der Egoismus nicht immer mehr zu? Auch ich kenne eine Reihe von Leuten, die nur noch sich und ihre Bedürfnisse kennen. Da könnte neben ihnen einer sterben, sie würden keinen Finger rühren. Ständig haben sie Angst, sie könnten zu kurz kommen. Sie stopfen alles in sich hinein, überfressen sich an tausend Genüssen und wundern sich dann, daß sie ständig kotzen müssen, daß es ihnen schlecht geht und daß sie niemals satt werden. Zufriedenheit oder gar Dankbarkeit sind ihnen fremd. Wofür sollten sie dankbar sein, es steht ihnen doch alles zu, so meinen sie.‹

Ich denke: ›So möchte ich nicht sein, so gierig und nur für mich selber lebend.‹ Aber ehrlicherweise muß ich zugeben, daß hinter dieser scheinbaren Verachtung auch ein Stück Neid steht, daß sie so unbekümmert ihren Bedürfnissen leben können.

Ich muß lernen, zu meinen Bedürfnissen zu stehen, gut zu mir zu sein, ohne Schuldgefühle zu haben. Mir wirklich etwas zu gönnen, großzügig, ohne das Gefühl: ›Das steht mir nicht zu, das ist zu viel, ist unangemessen.‹ Ich neige dazu mich zu bescheiden und oft zu denken: ›Das ist gut genug für mich.‹ Lange Zeit bin ich mir dabei sehr edel vorgekommen, sehr selbstlos und christlich. Heute weiß ich, daß ich für mein Wohlergehen verantwortlich bin und daß ich an mir schuldig werde, wenn ich nicht darauf achte, satt zu werden. Ich darf meinen Hunger nach Leben nicht ständig übergehen. Ich habe ein Recht darauf ihn zu befriedigen, Freude zu spüren, Lust, Genuß.

Ein Bekannter schrieb mir einmal: »Wer nicht mehr genießt, wird ungenießbar.«

Ich merke, daß ich noch immer ein gestörtes Verhältnis zum Genießen habe. Daß Lust fast ein verbotenes Wort für mich ist. Askese ist mir näher, vertrauter. Dabei bin ich ein sinnenfroher Mensch, einer, den Farben ungemein anrühren, der sehr intensiv hört, erlebt, fühlt. Woran liegt es nur, daß ich meine, das Leben sei Selbstbescheidung? Habe ich da in meinem christlichen Glauben einiges mißverstanden?

Merkwürdige Gedanken am Vorabend zur Christnacht . . .

Ich bin heute morgen knatschig aufgewacht. Irgendwie fühlte ich mich sehr verloren, sehr alleingelassen. Irgend etwas liegt mir im Magen. Aber was?

Mir hatten die gestrigen Besucher nicht gut getan. Ich hatte sie heute erwartet. Auch wenn sie nur kurz hereingeschaut hätten, sie hätten mir das Gefühl gegeben, am Fest der Liebe nicht ganz allein zu sein, ohne Familie, nirgends dazugehörig.

»Morgen haben wir keine Zeit.«

Natürlich, das verstand ich. Da gab es noch viele Vorbereitungen. Vom Kopf her war alles klar für mich. Nun spielten mir meine Gefühle plötzlich einen Streich, Gefühle, die ich mir nur selten erlaube: daß es mir weh tut, nirgends dazuzugehören und daß ich manchmal schreien möchte:

»Bitte, habt mich lieb!«

›So eine blöde Gefühlsduselei‹, denke ich ärgerlich. Ich bin doch ein erwachsener Mensch. Einer, der mit dem Alleinsein umgehen kann, der keine Langeweile kennt und nichts hält von Pflichteinladungen. Der lachend sagt:

»Am Heiligen Abend möchte ich allein sein. Das sind die Stunden, die nur mir gehören. Wo ich einmal für niemanden da sein muß. Ich genieße es, einmal gar nichts zu müssen, Musik zu hören, zu lesen, mit meinen Gedanken unterwegs zu sein, bei vielen Menschen, über räumliche Trennungen hinweg, vorbeizuschauen.«

In den zurückliegenden Jahren gab es immer wieder mal eine Einladung für mich zu Weihnachten. Ich habe sie nie angenommen. Gewiß, bei dem einen oder anderen war ich ein Sozialfall, an den man sich an Weihnachten erinnerte, um ihn dann wieder für ein Jahr zu vergessen. Ich verspürte keine Lust, Objekt für Nächstenliebe zu sein. Ich weigerte mich einfach, den Leuten ein gutes Weihnachtsgewissen zu vermitteln, sehr zum Ärger dieser Leute, die enttäuscht waren, daß ich sie um ihre Selbstbefriedigung brachte.

Aber es gab auch Einladungen, die von Herzen kamen, Einladungen von Menschen, die wollten, daß ich nicht allein sein sollte am Fest der Liebe. Aber da stand mir meine Angst im Wege, es könnten mich bei ihrem Feiern Gefühle überfallen, die die festliche Stimmung zerstören könnten. Ich hatte Angst vor dem Schmerz, doch nicht dazuzugehören. Angst davor, ich könnte plötzlich bitterlich weinen, wo Lachen und Freude von mir erwartet wurden. Ich mochte das niemandem zumuten.

Natürlich hätte ich ein paar einsame Leute zu mir einladen können. Aber genau das wollte ich an Weihnachten nicht. Ich wollte einmal nicht dafür verantwortlich sein, daß andere sich wohl fühlten, daß sie das hatten, was sie brauchten, auch wenn mein Verstand signalisierte:

»Tu's! Denn die Freude, die wir geben, kehrt ins eigne Herz zurück.«

Schlimm ist, daß mir oft in für mich kritischen Situationen so schlaue Sprüche einfallen, die mich dann sofort wieder verunsichern. Die mir Fehlverhalten signalisieren. Aber ich wollte nicht schon wieder »funktionieren«. Ich wollte endlich einmal ich sein und mich mit meinen Gefühlen auseinandersetzen und sie nicht in gute und böse einteilen, sondern sie so zulassen, wie sie waren, so widersprüchlich, sich beißend und streitend und mich durcheinanderbringend. Das war zwar nicht der angenehmste Zustand, aber ich hoffte, dabei einiges über mich selbst zu erfahren.

Nun hat ein Anruf mein Schreiben unterbrochen. Eigentlich war es eine Fortsetzung meiner Befürchtungen. Die Frau erzählte mir sehr wortreich von all ihren Verpflichtungen. Da sei vor allem eine Einladung, die sie ihres Mannes wegen nicht umgehen könne. Dabei könnte sie die Frau vergiften. Es ärgere sie, daß sie ihre gute Torte, die sie gebacken habe, mit ihr teilen müßte. Lieber würde sie mir ein Stück opfern.

Opfern . . .!!!

Scheißweihnachten!

Nie geht man verlogener miteinander um als am Fest der Liebe. Plötzlich war ich sehr froh, daß ich nirgends hingehen mußte. Daß ich meine kleine, gemütliche Wohnung hatte, in der ich mich wohl fühle und es warm habe. Mein Blick blieb hängen an dem erdfarbenen Tonkrug, in den ich Tannenzweige gesteckt hatte, geschmückt mit vielen schönen Strohsternen, von mir vor vielen Jahren selbst gebastelt. Ich würde mir ein Tischchen richten mit vielen Kerzen. Ich würde still werden und einen Radiogottesdienst hören, würde mich an den Weihnachtsmelodien freuen und über den eigentlichen Sinn der Christnacht nachdenken. Ich sah plötzlich, was ich alles hatte und das machte mich sehr dankbar. Ich spürte, wie vielen Zwängen Menschen ausgesetzt sein konnten, wie vielen Verpflichtungen, die sie nicht abschütteln mochten und die ihnen die Christtagsfreude verdarben.

Ich erinnerte mich, wie ich vor Jahren mit einer Gruppe in Israel auf irgendeinem Hirtenfeld stand und wie wir anschließend in eine Steinhöhle gingen und dort – es war ein Tag im April – miteinander das Weihnachtsevangelium sprachen. Mir fiel Jochen Kleppers Vers ein:

»Die Feier ward zu bunt und heiter
mit der die Welt dein Fest begeht.
Mach du uns für die Nacht bereiter . . .«

Ich wollte mich einlassen auf das Geschehen dieser Nacht und ich wußte plötzlich, daß Weihnachten nichts zu tun hat mit all dem, was wir weithin daraus gemacht haben. Weihnachten hat mit Dunkelheit zu tun, mit Angst und Armut, mit Draußenstehen und Heimatlosigkeit. Ich spürte, das ist eine Geschichte, in der komme ich mit meinem Leben vor. Die holt mich dort ab, wo ich gerade stehe. Ich muß nur dem Ruf folgen und es glauben, daß mir Freude verheißen ist.

Schon wieder wurde ich unterbrochen. Eine Frau kam, die immer viel zu tun hat. Wir sehen uns selten, aber wenn wir zusammenkommen, ist es meist eine echte Begegnung, ehrlich und ohne Konventionen. Ich wußte, sie hatte wenig Zeit. Ihre Familie wartete auf sie. Aber sie setzte sich ganz ruhig hin. Sie ließ ihre Verpflichtungen draußen, war einfach da und schenkte mir ihre so knappe Zeit. Es war nicht mehr als eine Viertelstunde. Aber wir hatten uns in dieser kurzen Spanne mehr gesagt, als man es sonst oft in Stunden tut. Als ich sagte, ich wüßte zu schätzen, daß sie am Heiligen Abend sich Zeit für mich genommen habe, sah sie mich offen an:

»Es hat auch mir gut getan.«

Sie hatte kein Opfer gebracht. Sie war gern mit mir zusammen und deshalb spürte sie, was ich brauchte.

Als ich ihr Päckchen aufschnürte, war eine Scheibe von einem Olivenbaum darin.

Sie hatte mit dem Herzen erspürt, was mich erfreuen würde. Mußte ich da noch traurig sein, nirgends dazuzugehören, wenn ich Freunde hatte, die solch geheime Wünsche errieten?

Diese Nacht hatte ich einen merkwürdigen Traum. Ich war mit einem Vehikel unterwegs, das weder ein Auto noch ein Wagen war, eher eine Liege mit Rädern, sehr hinfällig, wenig vertrauenerweckend bei den winterlichen Straßenverhältnissen. Aber es fuhr. Plötzlich stoppte mich ein Autofahrer und wies mich darauf hin, daß ich in falscher Richtung in eine Einbahnstraße eingebogen sei. Als ich zurückfuhr, sprang eine Bekannte, die ich nicht mochte, auf mein Gefährt. Im Arm hielt sie einen Hund. Das machte mir Unbehagen, aber ich wehrte mich nicht. Allerdings erlebte ich mit Sorge, daß mein Vehikel dadurch noch mühsamer vorwärts kam. Es war offensichtlich überladen. Plötzlich gab es Schwierigkeiten mit den Lampen, sie flackerten, verdunkelten sich, es war nicht mehr genügend Sicht. Ich hielt an und war sehr froh, daß ich nach einigem Probieren den Defekt selbst beheben konnte. Aber o Schreck, eine neue Panne trat auf. Ich hielt wieder an und mußte nach eifrigem Suchen feststellen, daß mein Gefährt keine Blinkanlage hatte. Ich wollte nach links abbiegen. Aber ohne Blinker erschien mir dies zu gefährlich. Ich überlegte, ob ich dreimal nach rechts fahren könnte und dann wieder die richtige Richtung hätte. Dies schien mir weniger unfallträchtig. Aber da war keine Einmündung. Wollte ich zu Hause gut ankommen, blieb mir gar nichts anderes übrig als geradeaus zu fahren auf einem mir unbekannten Weg. Ich fürchtete, er würde an einem Ort, wo ich nicht hinwollte, enden. Auch machten mir die immer schwieriger werdenden Straßenverhältnisse zu schaffen. Plötzlich merkte ich, daß mein Gefährt auch keinen eigenen Motor hatte, sondern daß es auf meine Antriebskraft ankam, und die würde nur für mich reichen, nicht auch noch für die Bekannte mit dem Hund. Ich müßte sie bitten, auszusteigen, müßte sie zurücklassen. Während ich mit dem Unbehagen, das diese Konsequenz auslöste, noch kämpfte, erwachte ich. Zwar träume ich häufig, aber nur selten ist mir beim Erwachen ein Traum so lebhaft in Erinnerung. Meist sind es nur ein paar Traumfetzen, die keinen Zusammenhang ergeben.

Was wollte mir dieser Traum sagen?

Befand ich mich auf meiner Lebensreise zur Zeit in solch einem unsicheren, störanfälligen Vehikel unterwegs? Im Traum war nichts davon spürbar, daß ich auf ein verkehrssichereres umsteigen sollte. Er schien mir andere Konsequenzen andeuten zu wollen. Ein wichtiger Hinweis war vermutlich, daß ich dieses so zerbrechliche Gefährt nicht überladen durfte, wenn ich wollte, daß es weiterfuhr und nicht steckenblieb. Auch das Nicht-abbiegen-Können war sicher von Bedeutung. Nur noch gerade Wege, auch wenn sie ins Ungewisse führen, in unbekanntes Land? Licht stand mir ja zur Verfügung. Ich hatte es selbst wieder in Ordnung bringen können. Auch auf die Einbahnstraßen mußte ich achten . . .

Ich will jetzt keine Deutung des Traums versuchen. Nur so viel will ich mitnehmen, daß ich aufpassen muß auf meiner Lebensreise, das mir zur Verfügung stehende Gefährt nicht zu überladen.

Eine Frau wird mir heute ein Mittagessen bringen. Ich möchte, daß sie meinen Gabentisch sieht. Nicht weil ich sie an meiner Freude teilnehmen lassen möchte. Sie soll sehen, wieviele Menschen an mich dachten. Ich möchte ihr gegenüber demonstrieren, daß man mich liebt.

Das erschreckt mich sehr. Muß ich beweisen, daß ich liebenswert bin? Will ich erfahren, daß die Geschenke anderen gefallen? Einige haben mich nämlich sehr verletzt. Im empfand sie als gedankenlos, ehrlicher formuliert: als lieblos. Bei ein paar Dingen hatte ich das Gefühl, daß der Geber sie selbst loshaben wollte und daß er meinte, für mich wären sie noch gut genug. Dummerweise machen mir solche Gedanken Schuldgefühle. Es sind ja nur Vermutungen und ich kann diese schäbige Haltung nicht beweisen. Vielleicht wollte der andere mich wirklich erfreuen und mir kam es nur in die falsche Kehle. Ich komme mir undankbar vor und gleichzeitig macht es mich wütend, mich für all den Kram nun auch noch bedanken zu müssen.

Jetzt weiß ich, warum ich den Gabentisch zeigen will. Ich brauche jemanden, der vielleicht in Entzücken ausbricht über das eine oder andere, das mir nicht gefällt. Dahinter steht, daß ich den Gedanken fast nicht aushalte, jemand meine, er »müßte« mir etwas schenken. Es tut einfach weh, lieblos behandelt zu werden.

Doch tue ich diesen Geschenken nicht viel zu viel Ehre an, indem sie meine Seele so verletzen dürfen? Sollte ich mich nicht wärmen an den paar Dingen, bei denen ich spürte, daß der andere mich meinte. Merkwürdigerweise sind es keine kostbaren Gaben, teilweise kann man sie mit Geld gar nicht bezahlen. Dieser Gedanke beruhigt mich. Denn im Kramen nach Empfindungen über Geschenke habe ich mich selbstkritisch auch gefragt, ob ich sie nach ihrem materiellen Wert beurteile. Ob das Gefühl, ein Geschenk sei billig, in Mark und Pfennig auszudrücken sei. Ob ich dem Irrtum unterliege, daß ich einem Menschen erst dann etwas wert bin, wenn seine Gabe wirklichen Wert besitzt?

Ich habe mich gefragt, was unter all den Geschenken am wertvollsten für mich war. Es ist eine dünne Scheibe von einem Olivenbaum. Auf der beiliegenden Karte steht:

»Die Scheibe ist von einem französischen Olivenaum, der auf dem Grundstück einer Bekannten stand. Sie mußte diesen Baum – schweren Herzens – fällen.«

Da hatte ein Mensch genau zugehört, als ich von meiner Sehnsucht sprach, einmal einen Olivenbaum umarmen zu können. Ich mag diese knorrigen, verwachsenen, verkrüppelten Bäume ganz besonders. Ihr Leben fasziniert mich und sie haben mir viel zu sagen. Nun habe ich versucht, mit geschlossenen Augen das bißchen Rinde, das die Scheibe umgibt, zu ertasten, mir Krankheit und Verletzungen des Baumes vorzustellen. Plötzlich steigen innere Bilder auf:

Ein Frühlingstag in Israel, unzählige Olivenbäume, an denen ich im Omnibus vorbeifahre. Ich möchte anhalten, schauen, fühlen. Da ist eine Wiese mit den leuchtend roten Lilien auf dem Felde und mitten darin die silbrig glänzenden Ölbäume. Darüber der azurblaue Himmel. Flüchtige Bilder, die sich mir doch tief eingeprägt haben. Und ich erinnere mich an Falk, einen Internisten aus Graz, der auf Kreta einmal einen halben Vormittag lang spazierenging, um zu erkunden, ob man mit dem Rollstuhl an einen Olivenbaum so dicht heranfahren könnte, daß ich seine Rinde berühren könnte. Aber überall gab es Gräben, rollstuhlfeindliche Buckelwiesen, so daß es unmöglich war. Meine Sehnsucht blieb.

Und nun lag vor mir diese Scheibe mit vielen, sehr unregelmäßigen Lebensringen, geheimnisvoll, nicht sofort entschlüsselbar, aber von Leben erzählend, von Sonne und Wind, von kalten Nächten und glutheißen Tagen, von Durst und Wasser, vom Blühen und vom Früchtetragen, von Vergänglichkeit und Tod.

Jetzt ist mir ganz warm ums Herz geworden und ich habe noch einmal den Spruch gelesen, der dieser Scheibe beigefügt war:

»Gott liebt deine Armut und nicht deinen Glanz, deine Sehnsucht und nicht deine Erfolge.«

Das ist es wohl, daß einer meine Sehnsucht versteht und mich lieb hat, auch noch in meiner Armut.

Die Zeit, bis die Bekannte kommt, wird reichen, den Gabentisch abzuräumen. Ich brauche die Tischfläche, um arbeiten zu können. Ich kann nun dieser Notwendigkeit nachgeben, weil ich plötzlich spüre, daß ich nicht darauf angewiesen bin, jemandem zu beweisen, daß es Menschen gibt, die mich lieben.

Nun hat die Erinnerung an Helmut mich doch eingeholt. Ich habe den ganzen Tag versucht, sie zu verdrängen:

Es war am zweiten Weihnachtsfeiertag vor ein paar Jahren, daß ich telefonisch die Nachricht vom Tod meines älteren Neffen erhielt. Er war an Erbrochenem erstickt und lag über vierzehn Tage tot in einer Großstadtwohnung. Ich mußte seinem Vater die Nachricht überbringen. Noch heute spüre ich meine Hilflosigkeit dieser Botschaft gegenüber. Trotz aller Behutsamkeit konnte ich den Schmerz nicht mildern, das Grauenvolle nicht verschweigen.

Tagelang tot in der Wohnung . . .

Wo war seine Mutter, die am gleichen Ort wohnte?

Wo waren seine Freunde?

Hatte er überhaupt Freunde?

Ich wußte so wenig von ihm. Er war ein Aussteiger und viele seiner Lebensgewohnheiten waren mir fremd, ängstigten mich, erfüllten mich mit Sorge. Er war heroinabhängig und Alkoholiker, ständig auf der Suche nach Leben, nach Liebe, nach Geborgenheit. Ich hätte ihm so gerne geholfen und habe die ganze Ohnmacht des Nichthelfenkönnens erleben müssen. Als ich ihn das letzte Mal sah, lag er im Krankenhaus im Delirium. Er war sehr kaputt. Ich erzählte ihm von den Anonymen Alkoholikern. Aber dort wollte er nicht hin. Die kenne er schon. Scheinheilige Brüder seien das. Ich sagte, ich hätte unter ihnen ganz prächtige Leute kennengelernt. Die hätten den Entzug und all die Schmerzen selbst durchgestanden und könnten ihn deshalb verstehen. Aber er winkte müde ab, zündete sich mit zitternden Händen eine Zigarette an und wirkte sehr verloren, sehr weit weg. Nach seinem Tod erfuhr ich, daß er noch eine Therapie begonnen habe. Aber es war zu spät. Seine Leber war zu kaputt.

Ich erinnere mich noch genau, wie ich die Tage erlebt habe, ehe ich von seinem Tod erfuhr. In mir war eine unerklärliche Dunkelheit über Tage hinweg. Sie wurde immer dichter, schwärzer, beklemmender und ich fragte mich verstört, was sie zu bedeuten habe. Obwohl ich dagegen ankämpfte, sog sie mein ganzes Lebensgefühl auf. In der Heiligen Nacht war die Dunkelheit so unerträglich, daß ich anfing mich zu fürchten. Mir fiel Jörg Zinks Buch ein »Die Mitte der Nacht ist der Anfang des Tages«. Ich holte es mir von meinem Bücherregal. Ich schlug es wahllos auf und fand die Geschichte, wo Moses Gott sehen möchte und wo Gott ihn in einen Fels stellt und den letzten Lichtspalt mit seiner Hand bedeckt.

»Was dir mein Licht verdeckt, das bin ich selbst . . .«

Darüber habe ich meditiert, bis ich ruhig wurde. Am anderen Tag kam die Todesnachricht. Das also war es, was mir in den zurückliegenden Wochen das Licht verdunkelt hatte. Aber daraus kam mir auch der Trost. Gott war dabei, als es passierte. Und mir war, als hätte Helmut jetzt das Leben, das er so verzweifelt gesucht hatte.

Wenn ich über Helmuts Leben nachdenke, dann fallen mir Verse von Kurt Marti ein:

»welche wohltat
einmal sagen zu dürfen:
nein er war nicht tüchtig
und wechselte oft die stelle
nein er war nicht fleißig
und arbeitete nur
sofern es nicht anders ging . . .
welche wohltat
in einer welt
die vor tüchtigkeiten
aus den fugen gerät:
ein mann der sich gute tage
zu machen wußte
ehe nach einigen bösen
jetzt
der letzte tag für ihn kam.«

Ich frage mich, was ich versäumt habe. Ich hätte ihm so gerne ein erfolgreiches Leben ermöglicht. Ich hätte ihm eine Familie gegönnt, in der er zur Ruhe hätte kommen können. Es war hart für mich einzusehen, daß ich ihn finanziell nicht mehr unterstützen durfte, daß ich es aufgeben mußte, sein Leben beeinflussen zu wollen. Ich meinte zu wissen, was für ihn gut und hilfreich gewesen wäre.

Heute konnte ich es gar nicht erwarten bis der Postbote kam. Ich hoffte auf einen Brief von Johannes. Leider vergeblich. Aber sein Sohn hatte eine Weihnachtskarte geschrieben. Vielleicht hatte Johannes ihn darum gebeten? Ich weiß es nicht und es tröstet mich auch nicht in meiner Enttäuschung, die mich nun doch eingeholt hat, wenn auch mit Verspätung.

Ich habe Johannes vor Weihnachten gesagt, daß ich dieses Mal wie ein Kind sei, das einen großen Weihnachtswunsch habe. Ich möchte zum Fest einen Brief von ihm bekommen.

Johannes schreibt kaum einmal. Wir haben ein stillschweigendes Abkommen: er muß auf meine Briefe nicht antworten, zumindest nicht schriftlich. Wenn etwas wichtig ist, ruft er an. Aber dieses Mal war mir einfach, als bräuchte ich ein sichtbares Zeichen seiner Zuwendung. Am Heiligen Abend, als bei meiner Post kein Brief von Johannes dabei war, spürte ich einen leisen Stich. Ich achtete nicht sonderlich darauf und überlegte:

›Der Gruß wird in den Postbergen hängengeblieben sein und Verspätung haben.‹ Ich dachte: ›Ich habe Fortschritte gemacht.‹

Es gab einmal eine Zeit in meinem Leben, wo mir die ganze Festtagsfreude verdorben war, wenn ein bestimmter Brief fehlte. Alles hing an diesem einen Brief. Blieb er aus, konnte mich nichts sonst erfreuen. Ich sah dann einfach nicht, wieviel Zuwendung mir von allen Seiten entgegengebracht wurde. Es war, als gäbe es all das gar nicht. Ich war wie vernagelt und sah nur, was mir fehlte. Ich rätselte, was dieses unerwartete Ausbleiben der Post bedeuten konnte. Ich empfand es als Liebesentzug und badete mich in meinem Unglücklichsein, so als gäbe es nichts Schlimmeres als einen ausgebliebenen Brief.

Heute habe ich Mühe, diese überzogene Reaktion zu verstehen. Ich kann nicht mehr begreifen, daß ich so verliebt war, daß mir außer der Zuwendung dieses einen Menschen kaum noch etwas wichtig war. Wie sehr habe ich dadurch meine Welt eingeengt, begrenzt, in ein Gefängnis verwandelt. Es gab Tage, wo ich nicht wagte, das Zimmer zu verlassen, nur um einen Anruf nicht zu verpassen. Das war lange bevor ich Johannes kennenlernte. Damals meinte ich noch, ich könnte mein Glück aus einem anderen Menschen beziehen. War er da, lebte ich. Entzog er sich mir, war dies wie Sterben. Das mußte schiefgehen. Indem ich all meine Erwartungen auf ihn konzentrierte, mußte ich notgedrungen zu kurz kommen. Der Freund fühlte sich überfordert und Überforderung ist für eine Liebe lebensbedrohlich.

Heute weiß ich, daß ich alles in mir habe, was ich zum Leben brauche. Auch wenn mein Herz jetzt dabei ein wenig flattert und ungläubig fragt, ob dies auch wirklich so sei.

Hätte ich nicht doch den Brief von Johannes gebraucht? Nun, er hätte mir gut getan, hätte mich erfreut und beglückt. Aber sein Ausbleiben stürzt mich nicht in tausend Zweifel, Bitterkeiten und Tränen. Zwar tut es weh – dieses Gefühl hat seine Berechtigung – und ich bin enttäuscht. Warum soll ich mir das nicht eingestehen? Ich muß es nicht hinweglügen. Ich kann auch die Argumente meines Verstandes beiseite lassen, die mir wortreich erklären, wie überfordert Johannes gerade vor Weihnachten sei und wieviele Menschen von ihm Zuwendung erwarten. Ich weiß, daß ich mich damit auf Glatteis begebe, wo Stürze und Verletzungen vorprogrammiert sind. Ich habe die Wahl. Ich kann mich entscheiden.

Ich bin dankbar, daß ich mit meinen Gefühlen nicht in die Irre laufe, indem ich Ansprüche eintreibe, die mir nicht zustehen. Johannes hat meinen Wunsch gelesen und er wird wissen, warum er ihn nicht erfüllte. Es ist die schwierigste Form einer Freundschaft, dem anderen und sich selbst alle Freiheit zu lassen, anzuerkennen, daß wir uns nichts schuldig sind.

Daran buchstabiere ich noch . . .

»Der du die Zeit in Händen hast,
Herr, nimm auch dieses Jahres Last
und wandle sie in Segen...«

Mit dieser Bitte habe ich das Jahr begonnen. Mit ihr möchte ich es auch beenden. Wieder steht die Frage da:

»War es ein gutes Jahr?«

So eindeutig kann ich das nicht beantworten. Es hat viel Krankheitsnot gegeben, viel Schwäche, viel Verzichtenmüssen. Johannes hat neulich gemeint, es wäre ein Krisenjahr für mich gewesen. Aber Krisen seien die Chancen unseres Lebens. Ich würde sagen: »Es war ›durchwachsen‹!«

Es gab Zeiten, da fühlte ich mich sehr frei und glücklich, und andere, in denen ich traurig war, weinte, mich verlassen fühlte. Mir ist ein Trost, daß ich dieses Jahr mit all seinem Auf und Ab Gott zurückgeben darf. Daß ich wissen darf, seine Maßstäbe sind anders als die meinen.

»Wer ist hier, der vor dir besteht?
Der Mensch, sein Tag, sein Werk vergeht:
nur du allein wirst bleiben.
Nur Gottes Jahr währt für und für,
drum kehre jeden Tag zu dir,
weil wir im Winde treiben.
Der du allein der Ewige heißt
und Anfang, Ziel und Mitte weißt
im Fluge unsrer Zeiten:
bleib du uns gnädig zugewandt
und führe uns an deiner Hand,
damit wir sicher schreiten.«

Dies gilt für die Rückschau und für den Ausblick ins neue Jahr. Für mich ist hilfreich, daß ich – im Moment wenigstens – glauben kann, daß es wahr ist:

»Siehe ich bin bei euch alle Tage bis an der Welt Ende.«

Zwar bin ich ziemlich sicher, daß es auch im neuen Jahr Zeiten geben wird, wo ich zweifle, hadere, suche, frage. Ich werde meinen Glauben nicht wie einen unverlierbaren Besitz haben. Es wird weiterhin Schwankungen und Anfechtungen geben. Ich bin sehr froh, daß ich mich nicht allein auf mich verlassen muß, auf meine Glaubensfähigkeit, meine Erkenntnisse, meine Stärke. Sondern daß da Einer ist, der sagt:

»Fürchte dich nicht. Ich bin bei dir!«

Vielleicht ist dies die wichtigste Erfahrung dieses Jahres, daß ich anfing zu meiner Schwäche zu stehen, zu meinem Schmerz, zu meinen Tränen, zu meinem Unvermögen und zu meiner Schuld. Und daß ich gerade dabei erfuhr, daß dies nichts Beschämendes ist, nichts Diskriminierendes, sondern daß gerade aus dem Schwachsein neues Leben erwächst – Leben, das sich ausbreitet und ansteckende Gesundheit ermöglicht.

III.

Was vergangen, kehrt nicht wieder

Jetzt, wo ich meine Tagebuchaufzeichnungen beendet habe und mich von Ihnen, lieber Leser, verabschiede, fällt mir der Vers ein:

»Was vergangen,
kehrt nicht wieder,
aber ging es leuchtend nieder,
leuchtet's lange noch zurück.«

Ich hoffe, daß für Sie beim Lesen etwas aufleuchtete aus vergangenen Tagen. Daß Sie spürten, es lohnt, sich mit dem Leben auseinanderzusetzen, Erfahrungen festzuhalten und im Nachhinein nochmals zu überprüfen. Erinnerungen sind Gäste, die zu kurzem Besuch zu uns kommen, denen wir uns eine Zeitlang widmen und die wir dann wieder gehen lassen, um das Heute nicht zu versäumen, jenen wichtigen Augenblick zwischen dem Gestern und dem Morgen.

Ich wünsche Ihnen, daß Sie das immer besser können: im Heute zu leben, daß Sie es aufgeben, dem Gestern nachzutrauern und sich um das Morgen zu sorgen.

Vielleicht fangen Sie wirklich an, sich jetzt ein Tagebuch zuzulegen und sich bewußt zu machen, was jeweils gerade dieser eine Tag für Sie bedeutet. Er wird vergehen, Sie werden ihn loslassen müssen. Aber es kann geschehen, daß er im Aufschreiben Glanz gewinnt, daß er sich in Kraft verwandelt, die Ihnen zukommt in Zeiten der Entmutigung. Halten Sie bitte nicht nur die Momente fest, wo Ihnen etwas gelungen ist, wo Sie sich stark und leistungsfähig fühlten. Bekennen Sie sich bitte auch zu den Augenblicken der Schwäche und Hilflosigkeit. Sagen Sie Ja zu Ihren Bedürfnissen nach Nähe, Wärme, Zärtlichkeit und Liebe.

Haben Sie beim Schreiben den Mut, sich so zu sehen, wie Sie wirklich sind: unvollkommen, verletzbar, aber liebenswert in Ihrer Sehnsucht nach mehr Leben.